Angkana Sirisaeng • Fotografie: Alex Neumayer

Thai FOOD

75 authentische Rezepte aus dem Land des Lächelns

CHRISTIAN

Inhalt

40
แก้วมังกร
มะขามหวาน

Vorwort

Sicher fragen Sie sich, genau wie ich vor einiger Zeit, warum ich dieses Buch schreibe. Schließlich gibt es bereits viele Bücher über Thailand und die Thai-Küche. Allerdings verfolge ich einen anderen Ansatz: Mit mir erleben Sie die echte Thai-Küche aus Sicht einer Thai. Meine Reise führt mich zu Freunden und Landsleuten im ganzen Königreich, um Ihnen den Abwechslungsreichtum der Küche und die Gastfreundschaft der Thais näherzubringen.

Die wichtigste Frage, die sich mir vorab stellte, war folgende: Wie unterteile ich die verschiedenen Facetten der Thai-Kulinarik sinngemäß und verständlich? Thailand hat kulinarisch viel zu bieten, weit mehr als nur Currys, Wokgerichte und die im Westen so beliebten Suppen. Deshalb möchte ich Ihnen in diesem Buch die kulinarische Vielfalt Thailands, gegliedert nach Regionen, näherbringen. Erst seit ich in Europa wohne, genauer gesagt im schönen Österreich, und etwas Abstand gewonnen habe, ist mir selbst bewusst geworden, wie raffiniert und facettenreich die Küche meines Landes ist. Ich möchte Ihnen deshalb einen Einblick geben in die verschiedensten Küchen meiner Heimat.

In Thailand ist die Küche und das damit verbundene Essen ein wichtiger kultureller Bestandteil des täglichen Lebens. Ich will Sie mitnehmen auf meine Reise und Ihnen zeigen, wie die Thais essen, und Ihnen mit Rezepten von Köchinnen und Köchen aus ganz Thailand den kulinarischen Lifestyle der Thais näherbringen.

Der Abwechslungsreichtum der Küche spiegelt sich auch in den Landschaften und Lebensformen wider. Auf der einen Seite steht eine der pulsierendsten Metropolen unserer Welt, Bangkok – eine Stadt, die niemals schläft, mit stylischen, modernen Interpretationen der Thai-Küche, verschiedensten internationalen Einflüssen ausgesetzt. Auf der anderen Seite die Landbevölkerung, die zum Großteil noch im Einklang mit der Natur und ihrer unmittelbaren Umgebung kocht.

Ergänzen werde ich das Ganze durch eigene Rezepte, die ich in den letzten fünfzehn Jahren in Österreich und Deutschland in zahlreichen Kursen und Workshops vorgeführt habe, Rezepte, die mir eine große Stammkundschaft beschert haben. Es sind alltagstaugliche Gerichte, die sich kinderleicht zu Hause nachkochen lassen, und der eine oder andere wird vielleicht sogar in Erinnerungen an eine eigene Thailand-Reise schwelgen.

Eins noch vorab: Wir Thais kochen vorwiegend nach Gefühl, Rezepte werden meist mündlich überliefert und von Generation zu Generation weitergegeben. Zu Beginn meiner Karriere als Köchin war es eine gewisse Herausforderung für mich, die Rezepte aufzuschreiben. Ich hatte mich immer an dem Motto »Ein bisschen was von diesem, ein bisschen was von jenem, etwas mehr davon ...« orientiert. Nach und nach habe ich versucht, mein Bauchgefühl in Angaben von Tee- und Esslöffel, Gramm und Milliliter zu übertragen, damit es auch Ungeübten gelingt, die typischen Thai-Rezepte nachzukochen. Alles das »unter einen Hut zu bringen«, ist eine Herausforderung. Ich gebe mein Bestes.

Viel Spaß mit diesem Buch.

Wir Thais und unsere Küche

Wir Thais sind ein sehr stolzes Volk. Stolz auf unser schönes Land, unsere Kultur und auf unsere vielfältige Küche. Wir wissen die Geschmäcker und Aromen unserer Speisen und Lebensmittel zu schätzen.

Thailand oder Siam, wie es früher hieß, ist das einzige Land Südostasiens, das nie kolonialisiert wurde. Ein Königreich, zuletzt regiert von dem äußerst beliebten König Bhumibol Adulyadej (1927–2016), der sehr viel für unser Land getan hat.

Manche »Farangs« (das ist der thailändische Slang-Ausdruck für »Ausländer«) behaupten, wir Thais seien immer am Essen. Ganz so arg ist es nicht, aber es ist richtig, dass das Essen für unsere Kultur, innerhalb der Familien und gesellschaftlich einen hohen Stellenwert einnimmt. Zum Essen nehmen wir uns viel Zeit, es wird nicht nur gegessen, um satt zu sein, sondern auch diskutiert, Meinungen ausgetauscht. Aber das Allerwichtigste ist für uns: Das Essen muss immer frisch sein. Fertiggerichte aus der Mikrowelle kommen uns nicht auf den Tisch. Es wird selbst gekocht, oder man holt sich verschiedene Speisen vom Streetmarket, frisch zubereitet von den Köchinnen und Köchen in kleinen Garküchen.

Traditionell erlernen junge Mädchen das Kochen von der Mutter. Schon von Kindesbeinen an helfen sie im Haushalt mit. Bei größeren Festen und Veranstaltungen, Begräbnissen oder buddhistischen Segnungen kommen die Frauen aus dem ganzen Dorf und der Umgebung zusammen, um gemeinsam für alle Gäste aufzukochen. An buddhistischen Feiertagen wird meist im Tempelbereich gekocht, bei Familienfesten kommt die ganze Nachbarschaft zusammen und hilft mit. Vor allem bei der ländlichen Bevölkerung ist der Zusammenhalt in diesem Bereich noch sehr stark ausgeprägt. So wird die Zubereitung bestimmter Gerichte von Generation zu Generation weitergegeben, ganz ohne Rezept.

Ziehen junge Erwachsene zum Arbeiten oder Studieren in die Stadt, wird meist weniger häufig selbst gekocht. Die Wohnungen der Studierenden sind in der Regel klein, mit winzigen Küchen, und das Leben der Jugend in den Städten spielt sich an den einschlägigen »In-Plätzen« ab: Hier trifft man sich zum gemeinschaftlichen Essen, Trinken und Tanzen.

Hauptdarsteller einer Thai-Mahlzeit ist immer Reis, und zwar ausschließlich Reis von guter Qualität, sei es Klebreis im Norden und Nordosten oder Jasminreis in Zentralthailand. Dabei wird Reis fast zu jedem Gang der Mahlzeit gegessen.

In der Regel beginnen wir mit Salaten und kleinen Happen, dann genießen wir eine Suppe und anschließend ein Curry oder das eine oder andere gebratene oder gedämpfte Gericht. Den krönenden Abschluss bilden immer frische, gut gereifte Früchte, gelegentlich begleitet von einem Dessert. Desserts mit Kokosmilch sind besonders bei Europäern sehr beliebt, andere wiederum sind zu süß für den westlichen Gaumen.

Als ich vor knapp zwanzig Jahren mit meinem Ehemann von Thailand nach Österreich übersiedelte, war das Erste, was ich im nächstgelegenen Asialaden kaufte, ein Sack Jasminreis und ein Sack Klebreis.

Wir Thais sind sehr wählerisch, wenn es um Reis geht. Viele der in europäischen Supermärkten angebotenen Reismarken sind für uns Reisliebhaber nicht von angemessenem Standard. Reis ist für uns das, was Brot für den Mitteleuropäer ist. Reis in nicht zufriedenstellender Qualität ist für uns also vergleichbar mit altbackenem Brot.

Den Reis dämpfen wir meist ganz naturbelassen, sogar ohne Zugabe von Salz. Das schmeckt allerdings nur bei qualitativ hochwertigem Reis, und deshalb ist es gut, für ausgezeichnete Qualität etwas tiefer in die Tasche zu greifen. In der Thai-Küche spielt der Reis wie schon erwähnt die Hauptrolle. Die Nebenrollen gehen an Fleisch, Fisch und Gemüse.

Reis wird nicht wie im Westen üblich nur zum Hauptgericht gereicht, sondern kommt auch in Vorspeisen, Salaten, Suppen und Desserts zum Einsatz.

Eine weitere wichtige Rolle neben Reis spielt die Chili. Obwohl ursprünglich nicht in Thailand

heimisch, etablierten sich Chilischoten schnell als zentraler Bestandteil der Thai-Küche. Thai-Food ganz ohne Chilis ist heute unvorstellbar. Wir sind überzeugt, dass etwas Schärfe im Essen auch die anderen Geschmacksrichtungen hebt. Wobei Chili nicht gleich Chili ist, aber das sehen wir später, wenn wir uns gemeinsam auf den Markt begeben.

Ein wichtiger Hinweis noch: In Thailand wird nie alles aufgegessen, hinterlässt man einen leeren Teller, wirft das ein schlechtes Licht auf die Gastgeber. Dann hat er oder sie zu wenig gekocht bzw. im Restaurant zu wenig bestellt. Also bitte immer ein bis zwei Esslöffel auf dem Teller liegen lassen.

Apropos Esslöffel: Bei uns ist es üblich, mit Löffel und Gabel zu essen. Messer benötigen wir nicht, da alles vorab in mundgerechte Stücke geschnitten wird. Mit der Gabel wird das Essen auf den Löffel geschoben, in den Mund kommt nur der Löffel. Stäbchen verwenden wir für Nudelsuppen und Gerichte mit chinesischen Nudeln, chinesische Suppenlöffel für unsere Suppen. Manchmal wird auch mit den Händen gegessen, so zum Beispiel im Norden das dort typische Kantok-Essen (siehe Seite 86). Klebreis wird mit den Händen zu einem Klößchen geformt und in die eher suppigen Begleitgerichte getunkt.

Und was trinken wir zum Essen? Traditionell wird kaltes Wasser gereicht, denn es ist neutral und passt zu allem. Männer trinken auch gerne Thai-Bier zum Essen und hinterher Thai-Whisky, mit Sodawasser und Limetten. In den vornehmen Restaurants ist Scotch sehr populär. Whisky bestellt man dort nicht als »Shots« zu zwei oder vier Zentilitern, sondern der Gastgeber bestellt gleich eine ganze Flasche. Wird diese nicht zur Gänze geleert, wird die Flasche mit dem Namen des Gastes versehen und bis zu seinem nächsten Besuch aufbewahrt.

Wein als Begleitung zum Essen ist bei der Stadtbevölkerung neuerdings ebenfalls sehr beliebt. Hier machen sich westliche Einflüsse bemerkbar.

Thailands regionale Vielfalt

Sehr beliebt bei Thailand-Urlaubern sind die Traumstrände im Süden des Landes und die vorgelagerten Inseln, welche zu den weltweit schönsten ihrer Art zählen. Thailands Süden erstreckt sich über mehrere Hundert Kilometer, zwischen der Andamanensee als Teil des Indischen Ozeans im Westen und dem Golf von Thailand, Teil des Südchinesischen Meeres, im Osten, bis hinab zur nördlichen Grenze von Malaysia. Dazwischen liegen tropische Wälder, Kalksteinfelsen, Plantagen, Fischerdörfer und Städte. Am Strand die Sonne genießen, sich mit einer Thai-Massage verwöhnen lassen und die reichlich angebotenen Snacks der vorbeispazierenden Marktfrauen verköstigen: Für viele ist dies Entspannung pur. Wir Thais hingegen sind nicht so erpicht darauf, in der Sonne zu schmoren, tatsächlich ist das für uns kaum nachvollziehbar. Da flüchten wir uns lieber mit einem Hut auf dem Kopf in den Schatten.

Der Süden beherbergt den Großteil der muslimischen Bevölkerung Thailands. Das spiegelt sich in der Küche wider. Schweinefleisch, sonst sehr dominant, ist im Süden tabu. Die Gerichte sind an der südlichen Grenze stark von Malaysia beeinflusst, aber auch indische und indonesische Einflüsse sind durch die Handelsrouten der Schiffe dominant.

Andere bevorzugen den klimatisch gemäßigteren Norden Thailands. Hier können die Gebirge schon bis zu 2500 Meter hoch werden, und auch in kultureller Hinsicht ist mit den Stätten des einstigen Lanna-Königreichs viel geboten. Außerdem leben hier noch verschiedene Gebirgsstämme, welche größtenteils aus Burma, dem heutigen Myanmar, geflohen oder aus China gekommen sind. Manche hatten ihre ursprüngliche Heimat sogar im weit entfernten Tibet. Einige dieser Stämme leben noch wie vor Generationen im Einklang mit der umliegenden Natur und nutzen die Technik des 21. Jahrhunderts nur sehr eingeschränkt.

Im Norden ist außerdem ein Großteil des über Thailands Grenzen hinaus bekannten Kunsthandwerks zu Hause. Ganze Dörfer leben hier davon, entweder feinstgeschnitzte Holzfiguren zu fertigen, handbemalte Schirme zu produzieren oder Lackkunst herzustellen. Ich liebe es, den Handwerkern bei ihrer Arbeit (oftmals stundenlang) zuzusehen und zu beobachten, mit welch großem Geschick sie diese Dinge herstellen. Die Küche der Region ist stark von burmesischen und chinesischen Einflüssen geprägt und meist etwas milder in der Schärfe.

Der Nordosten des Landes, der sogenannte Isan, ist die von Touristen am wenigsten frequentierte Region. Doch auch diese Gegend hat einiges an Ausflugszielen zu bieten. Seien es alte Tempelanlagen aus dem Khmer-Reich, archäologische Stätten aus der Bronzezeit oder die fast unberührte Natur in den Nationalparks, die vor allem bei Freunden des Trekkings großen Anklang finden. Der Isan ist außerdem das Zentrum thailändischer Seidenherstellung, die neben dem Reisanbau einer der wichtigsten Wirtschaftsfaktoren ist. Östlich grenzt die Region an Laos und Kambodscha, die Grenze bildet der mächtige Mekong. Ich empfehle den Isan allen, die gerne einen Blick auf das ursprüngliche Thailand werfen möchten, fernab vom Massentourismus. Die Küche des Isan ist sehr scharf, fischlastig und salzig, ähnlich wie im angrenzenden Laos und Kambodscha.

Zentralthailand ist die Reiskammer der Nation. Hier liegt auch die ehemalige Hauptstadt Ayutthaya mit ihren zahlreichen alten Tempeln. Der Chao-Phraya-Fluss ist die Lebensader dieser Region. Er fließt in den Golf von Thailand, sein Flussdelta ist ein landwirtschaftlich sehr reiches Gebiet. Hier befindet sich unsere heutige Hauptstadt Bangkok. Ein Muss für jeden Besucher sind die kulturellen Highlights der Metropole, dafür sollte man einige Tage einplanen, weil man im Stau gute Nerven und viel Zeit benötigt. Für ein wenig Abhilfe gegen das Chaos haben in den letzten zwanzig Jahren der Skytrain und der Underground-Train gesorgt. Ein Erlebnis ist auch eine Fahrt durch die Stadt mit einem Tuk-Tuk oder durch die Khlongs mit dem Boot. Zentralthailand ist das am dichtesten besiedelte Gebiet des Landes.

Öko-Tourismus

Viele Dörfer in ganz Thailand setzen mittlerweile auf Öko-Tourismus. Sehr beliebt ist es bei den interessierten Reisenden, direkt bei Familien in sogenannten Homestays zu wohnen. Das Essen wird aus den Erträgen der eigenen Landwirtschaft zubereitet, häufig biologisch angebaut, und vor dem Verzehr ist man jederzeit willkommen, dem Koch oder der Köchin über die Schulter zu schauen.

Dieses Konzept ist wirklich sehr zu empfehlen, denn nicht nur das ganze Dorf profitiert davon, sondern auch die Gäste erhalten einen guten Einblick in das alltägliche Leben der Bevölkerung. Darüber hinaus finden sich auch immer mehr nachhaltige Hotels und Resorts. Diesbezüglich hat sich in den letzten zwanzig Jahren, seit ich meine Heimat verlassen habe, sehr viel bewegt.

Die Landesküche

Thailand hat kulinarisch viel zu bieten. Da wären zum einen die so beliebten Garküchen der Streetfood-Märkte, welche teils die ganze Nacht durch geöffnet sind. Und auf der anderen Seite die »Royal Thai Cuisine«, eine typische Thai-Küche, die ursprünglich nur am königlichen Hof serviert wurde, dekorativ und elegant verziert mit handgeschnitztem Gemüse oder Früchten, etwas, das bisweilen zu einer wahren Kunst gesteigert wird. Natürlich gibt es auch bei uns die gutbürgerliche Küche, wie man sie in den meisten Thai-Restaurants wiederfindet, und nicht zuletzt die neue kreative Thai-Küche, die vorwiegend in den Top-Hotels und -Restaurants der Hauptstadt und der Touristenzentren auf den Tisch kommt, mit einer Qualität von internationalem Spitzenniveau.

Das Hauptaugenmerk bei allen Arten der Thai-Küche liegt auf Frische und Geschmack der Produkte sowie dem respektvollen Umgang mit Lebensmitteln, auf den Tellern landet in erster Linie das, was die umliegende Natur je nach Jahreszeit hergibt.

Die Geschmackskomposition ist das Essenzielle in der Thai-Küche, salzig, sauer, süß, scharf und bitter vereinen sich, harmonisch aufeinander abgestimmt, in einem Gericht. Kein niedergeschriebenes Rezept kann dabei den eigenen Geschmackssinn ersetzen. Die Finesse, mit der die verschiedenen Aromen ausbalanciert werden, macht den Unterschied zwischen guten und hervorragenden Thai-Gerichten. Die Geschmacksrichtungen haben nacheinander ihren Auftritt, manche spielen Hauptrollen, andere halten sich im Hintergrund, das Ergebnis soll klingen wie ein perfekt eingespieltes Orchester von Aromen am Gaumen. Aber wer in dieser Darbietung die erste Geige spielt, das bestimmt einzig und allein der Koch oder die Köchin.

Um ein harmonisches Ergebnis zu erzielen, ist es wichtig, Geschmack und Aroma jeder einzelnen Zutat zu kennen. Deshalb sollte man vorab unbedingt sämtliche Würzsaucen, Kräuter, Blätter und Wurzeln einzeln probieren. Nur so lässt sich beim Abschmecken bestimmen, welche Zutat vielleicht bereits zu dominant ist und welches Aroma noch mehr betont werden sollte. Verwundern mag vielleicht, dass wir in der an und für sich sehr gesunden Thai-Küche relativ viel Zucker verwenden. Dieser dient in vielen Rezepten als Kontrapunkt zu salzigen und sauren Aromen.

Ein Aspekt, der die Küche unseres Landes abgesehen vom vielschichtigen Geschmack auszeichnet, betrifft die optische Aufbereitung: Auch bei uns gilt die Devise »Das Auge isst mit«. Wir Thais sind zudem sehr detailverliebte Leute. Man sieht das überall im Land am oftmals sehr filigran gearbeiteten Blumenschmuck oder am Kunsthandwerk in Form von Holzschnitzereien, Lackarbeiten, Mosaiken und dergleichen. Nicht zuletzt spiegelt sich diese Detailfreude auch darin wider, wie wir Lebensmittel zum Kochen aufbereiten und wie optisch ansprechend wir die fertigen Gerichte servieren. Augen, Gaumen und Nase, keines dieser drei Sinnesorgane darf bei einer Mahlzeit enttäuscht werden. Und ganz besonders gilt das für die Royal Thai Cuisine.

Unsere Küche unterscheidet sich alles in allem sehr von anderen asiatischen Küchen. Obwohl stark von außen beeinflusst, sei es durch unsere Nachbarländer, sei es durch Länder, mit denen wir bereits im Mittelalter Handel trieben, zeichnet sich unsere Küche durch viele Merkmale aus, die nur in Thailand zu finden sind. Ein gutes Beispiel sind die Thai-Currys, welche aus würzigen Pasten zubereitet werden, auf die wir später noch zu sprechen kommen.

30
สามสิบบาท
10
15

Die wichtigsten Küchen Thailands

Die Royal Thai Cuisine

Die Verehrung der Königsfamilie hat in Thailand eine lange Tradition. Das spiegelt sich auch in den Speisen wider, welche ursprünglich nur für die »Royals« zubereitet wurden: Die aufwendig gestalteten Gerichte bestanden aus teils teuren Zutaten, nur das Frischeste wurde verwendet, nur die exquisitesten Fruchtsorten, welche sich der Normalbürger nicht leisten konnte. Veredelt wurden die Lebensmittel von vielen Frauen, welche in der Palaststadt wohnten. Es galt als Prestige, hier arbeiten und kochen zu dürfen.

Der dekorative Aspekt wurde auch damals schon großgeschrieben. Die Mahlzeiten für die königliche Familie wurden aufwendig mit hübsch in Form geschnitzten Elementen aus Gemüse und Früchten sowie floralen Arrangements serviert. Nicht jedermann konnte sich das leisten, aber für die vom Volk verehrten Royals war das Beste gerade gut genug. Das geht zurück bis in die Ayutthaya-Periode, die im 14. Jahrhundert begann. Durch den Handel mit anderen Ländern, auch europäischen, wurde die Royal Thai Cuisine stark von außen beeinflusst.

Die Royal Thai Cuisine ist sehr harmonisch im Geschmack und vergleichsweise mild in der Schärfe. Es dürfen keine zu harten Stücke im Essen sein, und alle Komponenten sollten essbar sein. Die Mahlzeit wurde in mehreren Gängen aufgetragen (wie in Europa üblich), und alles war farbig aufeinander abgestimmt und aufwendig in Szene gesetzt.

Die Zeiten haben sich geändert, heutzutage ist diese Art der Küche für viele zugänglich und wird auch in diversen Restaurants praktiziert. Die Präsentation der Gerichte und der dekorative Aspekt erreichen in Thailand ihre Vollendung. Wir Thais lieben es, die Dinge kunstvoll zu gestalten. Ich kenne keinen Thai, der nicht eine gewisse Fingerfertigkeit und Begabung für das Künstlerische und Kreative mitbringt. Wer heutzutage in thailändischen Hotels und Restaurants absteigt, kennt sie, diese filigranen Schnitzereien aus Gemüse und Früchten, welche die Büfetts zieren. Ein Aufwand für das Auge des Gastes, der seinesgleichen sucht. Und der seinen Ursprung eben in der Royal Thai Cuisine hat.

Streetfood Hapre – Phaengloi

Was in Europa in den letzten Jahren hip geworden ist, gehört in Thailand seit langer Zeit zum Lifestyle – die Rede ist von Streetfood. Thailand ohne seine Streetfood-Küchen wäre undenkbar. Zu finden sind die landestypischen Garküchen in den Städten auf Märkten und in geschäftigen Straßen, die engen Gassen oft zu beiden Seiten gesäumt mit Ständen, sodass man mit dem Auto kaum mehr durchkommt, ein wahrer Hindernislauf. Zigtausende Thais und ihre Familien leben davon. Hier bedarf es keiner Geschäftskonzepte oder aufwendiger Foodtrucks, gekocht wird, was es in der Region je nach Jahreszeit gibt. Jede Streetfood-Köchin ist für ein bestimmtes Gericht bekannt, welches sie unvergleichlich gut zubereitet. Überall im Land stößt man auf solche Garküchen, an den belebtesten Straßen, an Baustellen, vor Tempeln.

Und dann sind da noch die schwimmenden Märkte in den Khlongs (Wasserkanälen), die vielen kleinen Boote, die mit einer Kochmöglichkeit ausgestattet sind. Wir Thais lieben sie!

Die einfachste Form der Garküche besteht aus einer auf der Schulter getragenen Bambusstange, an deren Enden jeweils ein Korb hängt. In einem befindet sich oftmals ein kleiner Holzkohlegrill, im zweiten die rohen Zutaten. Dieses »Essen von der Stange« sieht man auch oft an den Stränden Südthailands vorbeiziehen.

Andere wiederum haben ein Moped zu einem mobilen Essensstand umfunktioniert. Wenn man das Treiben auf den Straßen beobachtet, sieht man, dass die Kreativität der Thais diesbezüglich grenzenlos ist. Es gilt, sich so kostengünstig wie möglich seine

kleine, bewegliche Garküche zu erschaffen. Damit kämpft man sich durch das Verkehrschaos der Großstädte.

Streetfood-Gerichte werden in Minutenschnelle zubereitet, ohne lange Kochzeiten, ohne extra Chichi. Wer aber schon einmal in diesen Garküchen gegessen hat, wird bezeugen können, dass man hier das schmackhafteste Thai-Food bekommt. Immer frisch, immer aromatisch. Bei ihrer jahrelangen Stammkundschaft könnten es sich die Streetfood-Köchinnen nicht leisten, einmal eine mindere Qualität zu servieren. Ich liebe es, viele Stunden dort zu verbringen, auf den kleinen Plastikhockern zu sitzen und das ganze Leben und Treiben um mich herum zu beobachten. Und natürlich die diversen Aromen, die mit jedem Windhauch aus den verschiedenen Richtungen herangeweht werden, in mich aufzusaugen. Wer es noch nicht probiert hat, sollte beim nächsten Thailand-Besuch unbedingt einen Zwischenstopp auf dem Markt einplanen.

Ach ja, auch die frittierten Insekten sind übrigens Spezialitäten der Streetfood-Betreiber. Für uns Thais nichts Neues, für Europäer oftmals eine Mutprobe, sich das eine oder andere in den Mund zu stecken.

Die bürgerliche Küche

Die vielleicht wichtigste unserer Küchen ist das, was die breite Masse der Bevölkerung im Alltag zu sich nimmt. Denn wir Thais lieben es, zu Hause im Kreis der Familie zu speisen. Das hat Tradition.

Auch in den »normalen« Thai-Restaurants wird in der Regel die traditionelle bürgerliche Küche angeboten. In früheren Generationen waren die Küchen sehr einfach gebaut und sind es in ländlichen Gegenden teils heute noch. Es gibt oft nur einen Gas-Wok zum Braten und Frittieren sowie verschiedene Dämpfeinsätze und einen tiefen Kochtopf. Also im Grunde nicht viel mehr als in den Streetfood-Küchen. Verkocht werden in den Haushalten vorwiegend Produkte aus der Region. In den Restaurants gibt es aber auch »importierte« Delikatessen aus anderen Landesteilen.

In den größeren Stadtwohnungen sieht das Ganze heutzutage natürlich anders aus. Dort gleichen die Küchen dem westlichen Standard der Einbauküche mit modernen Kochgeräten, Kühl- und Gefrierschränken.

In den normalen Thai-Restaurants ist die Auswahl zumeist groß. Regionale Gerichte sowie Kultgerichte aus ganz Thailand werden angeboten.

Die bürgerliche Küche weist viele Überschneidungen mit Gerichten der Streetfood-Küche auf, nur meist mit etwas mehr Raffinesse angerichtet. Und sie bietet eine Vielzahl an Gerichten aus anderen Regionen, wohingegen die Streetfood-Küche in der Regel sehr regional ausgerichtet ist.

Ein großer Teil meiner Rezepte in diesem Buch entstammt der bürgerlichen Küche, einige sind typische Streetfood-Klassiker.

Feiertage und Feste

Wir Thais lieben es zu feiern. Der Großteil der Bevölkerung gehört dem Theravada-Buddhismus an, der ältesten Form des Buddhismus. Jeder männliche Thai sollte traditionell zumindest einmal im Leben als Mönch gedient haben.

Übers Jahr gibt es natürlich eine Reihe von buddhistischen Feiertagen und Festen. Und was bei uns bei keinem Fest fehlen darf, ist Essen. Eine Vielzahl an kleinen Gerichten wird im Tempelbereich zubereitet, vergleichbar mit einem Streetfood-Markt auf dem dazugehörigen Gelände.

Weitere Feste fallen entweder in die Kategorie Feierlichkeiten zu Ehren der königlichen Familie, oder sie werden anlässlich der Ernte abgehalten. Sie sind immer mit sehr freudiger Stimmung verbunden, es gibt Musik und eben reichlich zu essen.

Thailändische Namen

Da Eigennamen öfter mal aus mehreren langen Wörtern bestehen, hat eigentlich jeder, den ich kenne, einen sehr kurzen Rufnamen oder Spitznamen. Oft ist das nicht viel mehr als ein Buchstabe des westlichen Alphabets. Bei der höflichen Ansprache wird das Wort »Khun« vor den Namen gesetzt, es heißt so viel wie Herr oder Frau. Im Freundeskreis verwendet man »Pe« für alle, die älter sind als man selbst, und »Nong« für die Jüngeren.

Wichtige Zutaten der Thai-Küche

Kein Buch über die Thai-Küche wäre vollständig ohne ein paar Worte zu den Blättern, Wurzeln und Würzpasten, welche den Speisen die typischen Aromen geben und sie so einzigartig machen. Alle typisch thailändischen Zutaten aufzuzählen, würde den Rahmen dieses Buches sprengen. Die hier aufgelisteten finden in den vorgestellten Rezepten Verwendung.

Einige wichtige Tipps zu Kräutern und Gewürzen vorab: Kräuter müssen für die Thai-Küche unbedingt frisch sein, nicht getrocknet oder tiefgekühlt. Gewürze kaufe ich vorwiegend im Ganzen, denn so kann ich diese vor dem Mörsern rösten, bis sie ihr volles Aroma entfalten. Vorgemahlene Gewürze schmecken oftmals sehr langweilig verglichen mit den frisch gemörserten. Geröstet wird immer bei milder Hitze. Bei zu hohen Temperaturen würden die Gewürze verbrennen, bevor diese ihre Aromen entfalten können.

Viele der Gewürze, Kräuter und Wurzeln haben zusätzlich eine medizinische Wirkung. Einige in den Rezepten der Thai-Küche vorkommenden Kräuter sind Wildkräuter, die am Wegesrand wachsen, manche nur in einer bestimmten Region. Für einige habe ich trotz intensiver Recherchen keinen passenden Namen in deutscher Sprache gefunden. Ich habe aber versucht, zumindest geschmacklich vergleichbare Alternativen anzuführen.

KRÄUTER, BLÄTTER, BLÜTEN UND GRÄSER

Die Thai-Küche lebt von den Aromen frischer Kräuter, Blätter und Wurzeln. Daher immer frisches Grün kaufen, nichts Getrocknetes oder Gefrorenes. In kaum einer anderen Küche werden Kräuter in so großer Quantität verwendet wie in der Thai-Küche. Bitte immer ganz, in Stücke gepflückt oder grob geschnitten verwenden, damit man jedes einzelne Würzkraut im Gericht herausschmecken kann, anstatt eine homogene Kräutermischung zu erhalten.
Sie finden viel frisches Grün in gut bestückten Asialäden. Einige Kräuter halten kaum länger als eine Woche frisch. Am besten in Frischhalteboxen verschlossen im Kühlschrank aufbewahren und alle paar Tage die verwelkten und faulen Blätter aussortieren. Zur Verwendung in Suppen und Hauptgerichten können Kräuter wie süßes oder scharfes Thai-Basilikum in heißem Wasser blanchiert werden, um sie dann in kleinen Portionen einzufrieren. Für Salate sollten die Kräuter aber unbedingt frisch sein.
Manche Kräuter lassen sich gut im eigenen Garten oder auf der Fensterbank anbauen. Zumindest den Sommer über gedeihen sie in der Regel prächtig.

Süßes Thai-Basilikum – Bai Horapa (ใบโหระพา)
Neben frischem Koriander ist das süße Thai-Basilikum wohl eines der am meisten verwendeten Kräuter in Thailand. Das leicht nach Anis schmeckende Basilikum mit seinen großen dunkelgrünen Blättern und den violetten Blüten wird für Currys, Suppen, Salate und Vorspeisen verwendet.
Leider hält es nicht sehr lange frisch, und die Blätter beginnen sich schnell dunkel zu verfärben. Es gedeiht jedoch prächtig in unseren mitteleuropäischen Breiten. Am besten eine kleine Topfpflanze kaufen, sie wird sehr schnell wachsen.

Scharfes Thai-Basilikum oder Holy Basil – Bai Krapao (ใบกะเพรา)
Diese Basilikumsorte entfaltet ihr Aroma erst so richtig beim Garen. Es wird weit weniger verwendet als das süße Thai-Basilikum, doch für einige Gerichte ist es unbedingt notwendig und kann nicht durch anderes Basilikum ersetzt werden.

Zitronenbasilikum – Bai Maenglak (ใบแมงลัก)
Das etwas kleinblättrigere Zitronenbasilikum kann, wenn nicht erhältlich, durch das süße Thai-Basilikum ersetzt werden. Gibt es ebenfalls bei gut sortierten Kräuterhändlern auf Märkten als Topfpflanze zu kaufen.

Koriander – Pak Chee Geen (ผักชีจีน)
Beim Geschmack von frischem Koriander scheiden sich die Geister, manche lieben ihn, andere hassen ihn. Dieses Kraut findet in der Thai-Küche breite Verwendung. Nicht nur die Blätter, auch Stängel und Wurzeln werden verwertet. Daher sollte man Koriander am besten immer im Asialaden kaufen. Hier erhält man ihn nämlich mitsamt den Wurzeln. Sie sind sehr aromatisch und werden für verschiedene Marinaden, Pasten und Brühen verwendet. Koriander gedeiht auch wunderbar im Garten oder in Töpfen auf dem Fensterbrett.

Langer Koriander – Pak Chee Bai Luen oder Pak Chee Farang (ผักชีใบเลื่อย ผักชีฝรั่ง)
Ähnlich dem herkömmlichen Koriander im Geschmack, wird dieses Kraut viel in Salaten und Suppen eingesetzt.

Minze – Sa Ra Nae (สะระแหน่)
Minze ist in der Thai-Küche sehr beliebt, vorwiegend für Salate und Vorspeisen. In Thailand wird eine mildere Sorte angebaut. Die Blätter werden wie bei allen Kräutern nur zerrissen oder ganz grob geschnitten in großen Mengen zugegeben, daher würde scharfe Pfefferminze im Gericht die anderen Aromen zu sehr übertönen.

Thailändisches Pfefferblatt – Cha Plu (ใบชะพลู)
Große, herzförmige, sehr intensiv schmeckende Blätter mit einer matten und einer glänzenden Seite zeichnen dieses Würzkraut aus. Sie werden roh in Vorspeisen verzehrt, können aber auch gefüllt und frittiert oder gegrillt verwendet werden. Sie halten gut verpackt und gekühlt bis zu zwei Wochen frisch.

Chinesischer Schnittlauch oder Schnittknoblauch – Pak Gui Chai (ใบกุยช่าย)
Die flachen Halme werden vorwiegend für Wok- und Nudelgerichte oder frisch als Topping verwendet. Das Würzkraut wächst ebenfalls sehr gut in unseren europäischen Gärten.

Thai-Sellerie – Khuen Chai (ขึ้นฉ่าย)
Die asiatische Variante ist viel kleiner und feiner als der Stangensellerie in Europa. Von der Optik her ist er eher eine etwas stärker gewachsene Petersilie, aber hellgrün in der Farbe. Kann auch bei uns angebaut werden.

Pandanblätter – Bai Toey (ใบเตย)
Diese faserigen und großen, spitz zulaufenden Blätter mit feinem, süßlichem Aroma werden nicht direkt gegessen, sondern zum Aromatisieren mitgekocht oder Speisen darin eingewickelt gegrillt. Auch werden die Blätter fein geschnitten mit etwas Wasser versetzt in der Küchenmaschine püriert und abgeseiht, um so ihre intensive grüne Farbe im

Dessertbereich und in Getränken zu verwenden. In Asiamärkten gibt es auch Pandanblatt-Saft in Dosen. Die Blätter halten in Frischhaltefolie gewickelt und im Kühlschrank aufbewahrt mehrere Wochen frisch.

Bananenblätter – Bai Tong, Bai Gluaw (ใบตอง,ใบกล้วย)
Die großen Blätter dienen zum Einpacken von Speisen zum Grillen oder Dämpfen, aber auch als traditionelle Verpackung sowie zum Servieren von Gerichten. Frisch bekommt man sie in Asialäden und Großmärkten, ansonsten muss man mit der tiefgekühlten Variante vorliebnehmen.

Kaffir-Limettenblätter – Bai Makrut (ใบมะกรูด)
Die glänzenden festen Blätter des Kaffir-Limettenstrauchs haben ein äußerst intensives Zitronenaroma. Ihr Einsatzgebiet ist vielfältig. Mitgekocht in Suppen, werden die Blätter im Ganzen verwendet. Sollen sie mitgegessen werden, schneidet man sie in möglichst feine Streifen. Kaffir-Limettenblätter erhält man selten frisch, in allen Asialäden aber tiefgekühlt.

Bananenblüte – Hua Plee (หัวปลี)
Verwendet wird der zarte helle Kern der Blüte. Die Blütenblätter sollte man nach dem Öffnen und Schneiden in zitronenhaltiges Eiswasser legen. So verhindert man eine Oxidation, und die Blätter werden schön knackig.
Sie können frisch als Salat oder als Beilage zu warmen Gerichten verwendet oder gekocht werden, zum Beispiel in Suppen. Gelegentlich sind sie in Asialäden erhältlich.

Zitronengras – Ta Khrai (ตะไคร้)
Das zart zitronig duftende Gras findet in der Thai-Küche weitreichende Verwendung. Wenn es in Gerichten mitgegessen wird, sollte nur der untere weiße Teil fein gehackt verwendet werden. Nach oben hin wird das Gras immer faseriger. Diese Teile können in Brühen, Suppen und Saucen verwendet werden, wo sie nicht mitgegessen werden. Zitronengras hält im Kühlschrank sehr lange frisch, sollte daher auch immer frisch gekauft werden und nicht in der getrockneten Variante.

Bambussprossen – Noh Mai (หน่อไม้)
Die jungen Sprossen finden als Gemüse Verwendung. Ansonsten wird Bambus zum Garen von Füllungen oder auch zum Servieren oder Verpacken verwendet. Bambussprossen bekommt man in Gläsern oder Dosen eingelegt.

WURZELN, RHIZOME, KNOLLEN UND ZWIEBELN

Ingwer – Khing (ขิง)
Frischer, junger Ingwer wird sehr vielseitig verwendet. Junge, knackige Rhizome schäle ich nicht (außer, ich brauche den Ingwer fein gerieben), ich schneide nur die Augen weg. Will man ihn ohne Schale verwenden, schabt man sie am besten mit einem Teelöffel ab. So geht weit weniger verloren als mit einem Sparschäler oder Messer.

Galgant – Kha (ข่า)
Ebenfalls ein Rhizom aus der Ingwerfamilie, hat junger Galgant eine sehr helle dünne Haut mit rosa Enden. Geschmacklich unterscheidet er sich vom Ingwer und findet in der Thai-Küche vielseitig Einsatz in Suppen, Würzpasten und Vorspeisen. Wie Ingwer auch kann er tiefgekühlt verwendet werden.

Fingerwurz oder Chinesischer Ingwer – Krachai (กระชาย)
Die Pflanze aus der Ingwerfamilie bildet dünnere, zu Bündeln zusammengewachsene Rhizome. Die Wurzel wird vor allem für Suppen, Würzpasten oder in feine Streifen geschnitten verwendet. Sie kann ebenfalls gut tiefgekühlt werden.

Kurkuma oder Gelbwurz – Kamin (ขมิ้น)
Frische Kurkuma hat eine braune Schale und leuchtend oranges Fruchtfleisch. Das Rhizom der Pflanze aus der Ingwerfamilie wird viel für Currys und Reisgerichte verwendet. Bei uns bekommt man Kurkuma meist getrocknet und fein gemahlen. Arbeitet man mit frischer Kurkuma, sind Einweghandschuhe empfehlenswert.

Maniokwurzel – Man Sampalang (มันสำปะหลัง)
Maniokwurzeln können wie Kartoffeln verzehrt werden. Wegen ihres Blausäuregehalts sollten sie allerdings nicht roh konsumiert werden. Aus der Knolle wird das weitverbreitete Tapiokamehl hergestellt, ein gutes Bindemittel für Saucen, das auch Verwendung in Desserts findet. Ursprünglich beheimatet in Südamerika, ist die Wurzel mittlerweile auch in den südostasiatischen Ländern sehr populär.

Taro – Puak (เผือก)
Die großblättrige Pflanze, die in den Tropen beheimatet ist, wird vorwiegend wegen ihrer stärkehaltigen Knollen angebaut. Sie werden vorwiegend gekocht oder als Chips frittiert serviert. Auch diverse Teige sowie Füllungen für Desserts werden aus der Taroknolle hergestellt.

Knoblauch – Kratiem (กระเทียม)
Knoblauch findet in der Thai-Küche ebenfalls breite Verwendung. Die

jungen kleinen Zehen werden meist samt der Schale zerquetscht und beigegeben. Knoblauch wird immer goldbraun angeröstet. Auch in Marinade eingelegt kommt er in verschiedenen Gerichten zum Einsatz.

Schalotten – Hom Daeng (หอมแดง)
Thai-Schalotten sind eher klein und werden in vielen Gerichten verwendet. Sie sind eine der Hauptzutaten in den Currypasten.

FRÜCHTE ALS WÜRZMITTEL

Viele Früchte eignen sich nicht nur zum Rohverzehr oder als Begleitung zu verschiedenen Desserts, sondern dienen auch zum Aromatisieren von Gerichten.

Tamarinde – Makham (มะขาม)
Die Tamarinde ist die bohnenartige Frucht des gleichnamigen Baumes. Die süße Frucht essen wir Thais sehr gerne roh. Die saure Tamarinde findet Verwendung in der Küche zum Säuern von Gerichten als Alternative zur Limette. Man entfernt die braune, brüchige Schale und findet darunter eine ebenfalls braune, faserige und klebrige Substanz, welche die Kerne umhüllt. Hierfür muss die Frucht aber zuerst mit etwas Wasser aufgekocht und zum Quellen beiseitegestellt werden. So löst sich das feine, püreeartige Fruchtfleisch von den Fasern und kann mit der Flüssigkeit abgeseiht werden.
Wer es sich einfacher machen möchte, greift im Asiamarkt zu fertigem Tamarindenpüree im Glas. Das Tamarindenpüree verschiedener Marken ist unterschiedlich im Säuregehalt. Daher kann die angegebene Menge im Rezept variieren. In den im Buch verwendeten Rezepten habe ich selbst gemachtes Tamarindenpüree verwendet, das ist nicht ganz so sauer wie manche Fertigprodukte. Ich verwende sehr gerne Tamarinde, aber wenn mal keine vorrätig ist, lässt sie sich prima durch Limette ersetzen.
Auch die jungen Blätter des Baumes finden in der Küche als Gemüse Verwendung.

Limette – Ma Nao (มะนาว)
Die Zitrusfrucht dient neben der Tamarinde als Säuerungsmittel für diverse Gerichte und ist eine Grundzutat in thailändischen Salatmarinaden.

Kaffir-Limette – Makrut (มะกรูด)
Die Frucht dieses Strauchs hat wenig Saft, wird aber wegen des Aromas ihrer Schale unter anderem in Currypasten verwendet. Man findet sie meist nur in Asialäden.

Grüne Pfefferkörner – Prik Thai Oon (พริกไทยอ่อน)
Die unreifen Früchte der Pfefferpflanze werden in der Thai-Küche frisch zum Kochen verwendet. Meist in Wokgerichten mitgebraten, ist der frische grüne Pfeffer sehr aromatisch. Er wird nicht von den Stängeln abgeperlt, sondern mitsamt diesen beigefügt. Frisch findet man ihn vorwiegend in Asialäden.

Chili – Prik (พริก)
Obwohl ursprünglich hier nicht heimisch, sind Chilis aus der Thai-Küche nicht mehr wegzudenken. Bevor die Chilischote durch den Handel mit Portugal nach Thailand kam, war Pfeffer für die Schärfe in den Gerichten verantwortlich. Chilis etablierten sich schnell. Einige Chilisorten werden in Thailand mittlerweile angebaut und in der Küche verwendet. Frisch, geschrotet, zu Pulver gemahlen oder in Pasten und Ölen.
Die am häufigsten verwendete Chilisorte ist die Prik Kee Noo (8 von 10 auf der Schärfeskala mit 50 000 bis 100 000 Scoville), auch Bird's-Eye-Chili genannt, unreif in Grün sowie gereift in Rot. Sie ist sehr scharf. Milder dagegen ist die Sorte Prik Chee Fa, welche frisch grün oder rot sowie getrocknet in Rot in Currypasten zum Einsatz kommt. Gelbe Thai-Chili mit einem feinen scharfen Aroma dient als Zutat in Pasten, Saucen und Suppen.
Wir Thais gehen davon aus, dass die Schärfe gesund ist. Viele Studien belegen, dass das Capsaicin aus der Chili tatsächlich über viele gesundheitsfördernde Eigenschaften verfügt. Es stärkt das Immunsystem und wirkt appetitzügelnd, schmerzlindernd und entzündungshemmend. Es wird außerdem bei Muskelschmerzen, Durchblutungsstörungen, Verdauungsbeschwerden, Hautkrankheiten und Kreislaufschwäche verwendet. Und für alle, die in diesem Bereich etwas Hilfe brauchen können, der Hinweis: Die rote Chili wirkt auch als Aphrodisiakum. Sie regt die Durchblutung an und stimuliert sofort. Wir sind darüber hinaus der Meinung, dass etwas Schärfe im Essen die anderen Aromen deutlich hebt.
Ich verwende in meinen Rezepten immer die ganze Schote. Wer es lieber etwas milder haben möchte, entfernt vor der Weiterverarbeitung die Samen und weißen Trennwände oder wählt eine mildere Sorte. Außerdem mische ich gerne verschiedene Sorten sowie frische und getrocknete für ein interessanteres Aroma.
Noch ein Tipp, wenn ein Gericht etwas milder sein, aber eine schöne Farbe erhalten soll: Hier eignen sich hervorragend koreanische Gochugaru-Chiliflocken.

Lotuspflanze oder Wasserlilie – Dok Bua (ดอกบัว)
Die Lotusblume wird in Thailand einerseits für religiöse Zeremonien in Tempeln verwendet, andererseits ist alles an der Pflanze essbar und

findet sich als Zutat in der Thai-Küche wieder. Über den Verzehr hinaus dienen die Blätter auch als beliebtes natürliches Verpackungsmaterial für Lebensmittel.
Es gibt Legenden, wonach Buddha auf einem Lotus geboren wurde. Daher gibt es auch unzählige Darstellungen von Buddha sitzend auf einer geöffneten Lotusblüte im Lotussitz.
Die Pflanze findet man oft in Seen, Teichen und kleinen Flüssen, wo die weiß bis rosa gefärbten Blüten über den schwimmenden Blättern emporragen. Oftmals findet man auch Tongefäße mit Lotuspflanzen an Hauseingängen.
Eine andere Eigenart der Lotuspflanze ist, dass Wasser an ihr abperlt und all den angesammelten Schmutz auf der Pflanze mit sich nimmt. Daher steht diese Pflanze auch für Reinheit und Treue.
Über die Lotuspflanze und deren Bedeutungen gäbe es noch viel zu schreiben, doch wir widmen uns lieber der Küche.
Kulinarisch kann wie gesagt alles an der Pflanze verwendet werden, von der Wurzel bis zu den Blüten wird gekocht, dekoriert und geknabbert.
Die Wurzeln: Lotus hat einen kräftigen, mit Rhizomen durchzogenen Wurzelstock. Die Rhizome werden geschält und können dann gekocht, gebraten oder konserviert verwendet werden. Durch ihre röhrenartigen Öffnungen im Inneren sind sie sehr dekorativ.
Die Blätter: Sie können gekocht und wie Spinat gegessen werden. Für mich persönlich ist das Einwickeln von Füllungen in Lotusblätter am reizvollsten. Die entstandenen Pakete werden dann gedämpft, und der Inhalt nimmt den Duft der Lotusblätter an.
Die Stängel: Sie können wie die Blätter im Wok oder in einer Brühe als Suppeneinlage gegart werden.
Die Blüten: Nicht nur wegen des dekorativen Aspekts sind sie beliebt, sondern auch als Snack, wie zum Beispiel im Miang Kham (siehe Rezept Seite 140).
Die Samen: Auch sie dienen als Snack, frisch, kandiert oder eingelegt.

WÜRZSAUCEN UND ÖLE

Wer schon einmal einen Asialaden besucht hat, weiß, wie groß die Auswahl an Saucen und Ölen ist; vor allem Würzsaucen sind in der Thai-Küche nicht wegzudenken.

Fischsauce – Nam Pla (น้ำปลา)

Die neben Sojasauce wohl wichtigste Sauce in der Thai-Küche ist Fischsauce, sie wird (fast) überall dort hinzugefügt, wo Salz fehlt. Wenn doch Salz anstatt Fischsauce verwendet wird, handelt es sich um feines Meersalz aus Samut Sonkhram und den umliegenden Provinzen. Neulingen der Thai-Küche mag es ungewohnt erscheinen, Fleisch-, Geflügel- oder Gemüsegerichte mit etwas Fischigem zu würzen. Doch das entstehende Aroma ist unvergleichlich runder im Geschmack als beim Würzen mit herkömmlichem iodiertem Salz.
Hergestellt wird Fischsauce aus verschiedenen kleinen Fischarten, vorwiegend Anchovis (Sardellen). Die Bestandteile sind Fisch, Salz und Wasser. Die Fische werden lagenweise zusammen mit Salz in Tongefäße geschichtet. Das Ganze wird zum Fermentieren in die Sonne gestellt, und nach sechs bis zwölf Monaten ist die bräunliche, sehr aromatische Fischsauce bereit zur Verwendung. Hierfür wird sie gefiltert, pasteurisiert und in Flaschen abgefüllt.
Fischsauce sollte immer klar bräunlich sein, nicht trüb. Der leicht fischige Geschmack der Sauce wird beim Kochen weitgehend überlagert durch andere Geschmackszutaten wie Kräuter und Limette.

Fischsauce aus dem Isan – Pla Raa (ปลาร้า)

Umgangssprachlich auch Balaa genannt, was wörtlich »verrotteter Fisch« heißt, wird dieser eingelagerte, gesalzene und vergorene Fisch in der thailändischen Küche oft in der Zubereitung von Salaten verwendet. Neben anderen traditionellen Methoden der Haltbarmachung von Fisch, zum Beispiel dem Räuchern oder Trocknen an der Sonne, ist die Fermentation mit Salz eine Methode, die vor allem in Nordostthailand, dem sogenannten Isan, aber auch im benachbarten Laos und in Kambodscha gern angewandt wird.
Die Art der Herstellung variiert je nach Gegend leicht. Frisch gefangene, kleine bis mittelgroße Flussfische werden zuerst von Schuppen befreit. Oft werden auch die Köpfe und die Innereien entfernt, dann werden sie entweder ganz oder in Stücken mit Salz und geröstetem Reis vermischt und anschließend in luftdicht verschlossenen Tonbehältern fermentiert. Die Reifezeit dauert von einigen Wochen bis zu mehreren Monaten.
Im Vergleich zur klaren Nam Pla ist die viel schärfere Pla Raa trüb und undurchsichtig und enthält noch Fischstücke. Sie schmeckt außerdem viel fischiger als die Nam Pla. Mit der Pla Raa ist es wie beim Wein. Es gibt viele unterschiedliche Qualitäten. Je länger der Fisch im Behälter bleibt, desto besser wird die Qualität.

Schwarze Sojasauce – See Ew Dam (ซีอิ๊วดำ)

Wie der Name schon sagt, ist diese Sorte dunkler. Sie hat eine dickflüssige Konsistenz, ist süßlich mit leicht malzigem Aroma und wird zum Würzen verschiedenster Gerichte und auch in Marinaden verwendet. Bei dunklen Sojasaucen gibt es je nach Marke, aber vor allem auch von Land zu Land, sehr starke Geschmacksunterschiede. Meine Rezepte sind alle auf die im Anhang des Buchs genannte Marke abgestimmt. Wird diese in den Rezepten verwendet, wird sie unter den Zutaten als »schwarze Sojasauce« gelistet.

Helle Sojasauce – See Ew Khao (ซีอิ๊วขาว)
Diese klare hellbraune, sehr salzige Sauce wird statt Salz zum Würzen verwendet. Unter den Zutaten einfach nur als »Sojasauce« aufgeführt.

Austernsauce – Nam Man Hoi (น้ำมันหอย)
Austernsauce ist eine Würzsauce aus Austernextrakt, vermischt mit Sojasauce, Geschmackszutaten und Stärke. Auch hier gibt es sehr große Geschmacksunterschiede zwischen den verschiedenen Marken.

Sriracha-Chilisauce – Sos Prik Sriracha (ซอสพริกศรีราชา)
Diese scharfe rote Chilisauce entstand der Erzählung nach im gleichnamigen Dorf. Es gibt sie in unterschiedlichen Schärfegraden zu kaufen. Sriracha-Sauce ist ideal für Snacks und Fingerfood zum Dippen, für Thai-Omelettes, aber auch als Bestandteil verschiedener Gerichte. Sie lässt sich sehr gut selbst herstellen.

Sesamöl – Nam Man Gha (น้ำมันงา)
Das Öl aus geröstetem Sesam ist sehr nussig und geschmacksintensiv. Es wird hauptsächlich zum Würzen verwendet, nicht zum Braten. Sesamöl kauft man am besten im Asialaden, es ist aber auch in jedem herkömmlichen Supermarkt erhältlich.

Chiliöl (น้ำมันพริก)
Chiliöl kann man schnell selbst herstellen, indem man getrocknete rote Chilis in etwas Öl röstet. Es wird vorwiegend über die fertigen Gerichte geträufelt.

WÜRZPASTEN

Würzpasten sind typisch für die Thai-Küche und in ihrer Form weltweit nahezu einzigartig. Sie werden von den Familien in der Regel nach eigenem Rezept frisch hergestellt oder fertig auf Märkten gekauft. Aber auch die Zubereitung anderer Gerichte wird durch die Verwendung von Fertigpasten vereinfacht.

Currypasten (พริกแกง)
Currypasten sind einer der wichtigsten Bestandteile der Thai-Küche.
In Europa waren lange Zeit fast ausschließlich Currys zubereitet mit gelbem Currypulver bekannt. Schön gelb mit viel Kurkuma in der Fertigmischung.
Die thailändischen Currys bestehen vorwiegend aus Pasten. Das ist der große Unterschied zu anderen Länderküchen, welche Currys als Bestandteil haben.
Diese intensiven Würzpasten sind Grundbestandteil von vielen Thai-Gerichten. Und was wäre die Thai-Küche ohne Currys? Wir haben sie in den verschiedensten Variationen anzubieten. Von mild über aromatisch bis scharf, farblich von bräunlich über grün und rot bis gelb.
Die Pasten enthalten oft bis zu zwanzig verschiedene Gewürze, Kräuter, Wurzeln und natürlich Chili. Angeboten werden die hausgemachten Pasten in Thailand auf jedem Markt. Der Schnelligkeit und Einfachheit halber verwende ich hier in Österreich auch mal Fertigpasten aus dem Asialaden. Jedoch sollte man unbedingt Marken verwenden, die aus Thailand importiert sind, und nicht irgendwelche in Supermärkten angebotenen Varianten aus europäischer Produktion. Der geschmackliche Unterschied ist enorm.
Und ebenso groß ist der Geschmacksunterschied zwischen einer thailändischen Fertigpaste und einer selbst hergestellten. Daher liefere ich zu jedem im Buch aufgeführten Currygericht mein eigenes Pastenrezept mit. Der eine oder andere möchte sich vielleicht an der Herstellung einer eigenen Paste versuchen. Was man dazu benötigt, ist in erster Linie ein Mixer, um alles zu zerkleinern bzw. zu pürieren und zu pulverisieren, sowie ein Mörser. Wir Thais machen unsere Pasten ausschließlich im Mörser, da hierbei die Öle der Zutaten am besten ausgepresst werden. Das bedarf schon fünfzehn bis zwanzig Minuten kräftiges Stampfen, was ziemlich aufwendig und anstrengend ist. Daher die Zutaten am besten zuerst im Mixer oder in der Gewürzmühle zerkleinern und erst dann ab in den Mörser. Das erleichtert die Sache erheblich.
Currypasten werden nicht nur als Basis für Currys verwendet, unzählige Gerichte haben Currypasten als wichtigen Bestandteil der Geschmacksgebung. Auch solche Rezepte finden sich im Buch.
Sie haben zu viel Currypaste übrig? Kein Problem, sie hält gekühlt mehrere Wochen frisch, ansonsten am besten einfrieren, flach gedrückt in kleinen Portionen, damit sie bei Bedarf schnell auftaut.
Aber nicht nur Currypasten werden als Grundlage für Gerichte hergestellt. Verschiedenste Pasten werden für Dips und andere Saucen eingesetzt.

Chilipaste aus gerösteten Chilis – Nam Prik Pao (น้ำพริกเผา)
Diese Paste hat wenig Schärfe, dafür ein intensives Röstaroma von

Schalotten und Knoblauch sowie die Säure der Tamarinde. Sie lässt sich leicht selbst herstellen (Rezept siehe Seite 225), oder man verwendet eine fertige Paste.
Die Zugabe verleiht Gerichten einen sehr runden Geschmack. Ich verwende sie unter anderem für die Tom Kha Gai (siehe Seite 132) und das Gai Phad Med Mamuang (siehe Seite 184).

Garnelenpaste – Kapi (กะปิ)

Diese Würzpaste wird aus ganz kleinen Garnelen hergestellt. Durch den Fermentationsprozess bekommt sie ein sehr intensives Aroma - und einen ebensolchen Geruch. Sie ist ein essenzieller Bestandteil verschiedenster Gerichte, unter anderem vieler Currypasten.

PALMZUCKER – NAM TAAL MA PHOW (น้ำตาลมะพร้าว)

Palmzucker wird aus dem Saft verschiedener Palmenarten gewonnen. Durch Einkochen kristallisiert der hellbraune Zucker. Im Handel ist er als dickflüssige Paste oder auch als feste Stücke erhältlich. Er ist nicht so süß wie weißer Industriezucker und hat einen leicht karamelligen, ganz eigenen Geschmack. Hat man keinen Palmzucker vorrätig, verwendet man braunen Rohzucker. Ein Tipp wäre auch thailändischer roher Rohrzucker, tolles Aroma, leider schwer erhältlich.

KOKOSMILCH – KA TI (กะทิ)

Was in Europa beim Kochen die Sahne, das ist in Thailand die Kokosmilch. Für die Herstellung von Kokosmilch wird das Fruchtfleisch aus den Nüssen geschabt, mit Wasser versetzt und ausgepresst. Die daraus entstehende Milch hat zwischen fünfzehn und fünfundzwanzig Prozent Fettgehalt und wird in der Thai-Küche für Marinaden, Suppen, Currys, Desserts und Getränke verwendet.

GETROCKNETE ZUTATEN (อาหารตากแห้ง)

Trocknen ist neben dem Fermentieren seit jeher eine der wichtigsten Methoden des Haltbarmachens von Lebensmitteln. Besonders wichtig war das in einer Zeit, bevor wir Kühlschränke und Tiefkühltruhen zur Verfügung hatten. Da getrocknete Zutaten ein fixer Bestandteil der Thai-Küche sind, wird vieles nach wie vor in der Sonne getrocknet, zum Beispiel Fisch, Garnelen, Tintenfisch, Fleisch, Gemüse, Kräuter und vieles mehr.

Getrocknete Shrimps – Goong Heang (กุ้งแห้ง)

Die nur zwei bis drei Zentimeter großen Shrimps werden gekocht, geschält, gesalzen und getrocknet. Sie kommen in mehreren Rezepten im Buch zum Einsatz.

THAI-REIS – KAOW (ข้าว)

Reis ist in Thailand ein Grundnahrungsmittel. Wir verkochen verschiedene Reissorten, aber alle von bester Qualität. Guter Reis muss nach dem Kochen ein tolles Aroma entfalten. Aber woher weiß ich, ob der im Laden angebotene Reis gut oder schlecht ist? Von der Optik her sollten die Reiskörner in etwa gleich groß sein und leicht glänzen. Außerdem sollten ausschließlich ganze Reiskörner in der Packung sein, keine gebrochenen, keine Schalenrückstände. Viele thailändische Reismarken tragen auf dem Etikett das grüne Qualitätssiegel.

Weißer Jasminreis – Hom Mali (ข้าวหอมมะลิ)

Diese Sorte Reis ist die in Thailand am meisten gegessene, aber auch in größter Menge exportierte. Er ist sehr aromatisch und wird deshalb auch Duftreis genannt. Man öffnet die Packung, und ein florales, zart nach Jasmin duftendes Aroma strömt einem entgegen. Nach dem Garen sind die Körner locker, weich und somit ideal für Gerichte mit Saucen.
Bevor ich Reis koche, wasche ich ihn, um Stärke herauszuspülen. Dann setze ich im Verhältnis eins zu eineinviertel Wasser zu. Guter Reis braucht nicht unbedingt Salz, denn er hat von Natur aus ein tolles Aroma. Ist der Reis fertig gegart, wird er mit einem Reisspachtel aufgelockert und frisch zur Mahlzeit serviert.

Brauner Jasminreis

Die gesündere Variante ist brauner Hom-Mali-Reis, also brauner Jasminreis inklusive der dünnen hellbraunen Schale, in der viele Nährstoffe stecken. Beim Garen benötigt der braune Reis etwas mehr Wasser als die weiße, geschälte Variante. Ich nehme immer Reis und Wasser im Verhältnis eins zu anderthalb. Der fertige Reis ist etwas fester und etwas weniger klebrig. Nachteil von braunem Reis: Er kann mit der Zeit ranzig werden.

Roter Thai-Reis

Hier handelt es sich ebenfalls um ungeschälten Reis. In Thailand haben wir verschiedene Sorten, die sich nicht wesentlich unterscheiden. Zum Garen benötigt der rote Reis ungefähr die gleiche Menge Wasser wie der braune.

Riceberry-Reis
Diese Sorte liegt im Trend und ist sehr gesund. Von der Optik her ist der Reis im rohen Zustand dem schwarzen Klebreis sehr ähnlich. Zum Kochen benötigt er die in etwa anderthalbfache Menge Wasser. Mein Tipp ist, ihn vorab eine Stunde in kaltem Wasser vorquellen zu lassen.

Thai-Klebreis – Khao Niao (ข้าวเหนียว)
Thai-Klebreis wird vor allem im Norden und Nordosten des Landes verwendet, für Desserts allerdings auch in ganz Thailand. Im rohen Zustand ist der weiße Klebreis vom transparenten weißen Jasminreis sehr leicht durch sein opak weißes Aussehen zu unterscheiden. Auf der Verpackung oftmals als »Thai Glutinous Rice« gekennzeichnet (er ist wie andere Reissorten auch glutenfrei), wird Klebreis vorwiegend mit den Fingern gegessen. Dank seiner klebrigen Konsistenz kann er leicht zwischen den Fingern zu kleinen, lockeren Bällchen geformt werden und wird so in Dip-Saucen eingetaucht. Er passt besonders gut zu Gegrilltem und den schmackhaften Thai-Salaten.
Es gibt mehrere Methoden, Klebreis zuzubereiten. Ich bevorzuge die Methode über Wasserdampf, nicht direkt im Wasser.
Klebreis wird vorab mindestens drei Stunden in kaltem Wasser zum Quellen beiseitegestellt. Anschließend wird er abgeseiht und über kochendem Wasser gedämpft. Dazu den Reis in ein mit einem sauberen, dampfdurchlässigen Küchentuch ausgelegtes Sieb oder einen Bambuskorb geben, mit einem weiteren Tuch abdecken, Deckel darüber und so ungefähr dreißig Minuten dämpfen.

Schwarzer Klebreis
Er wird gegart wie weißer Klebreis. Vor dem Garen sollte dieser aber noch länger, am besten über Nacht, in Wasser quellen. Er hat ein sehr nussiges Aroma.
Oftmals wird schwarzer und weißer Klebreis vor dem Garen gemischt, mit einem höheren Anteil an weißem Klebreis. Das ergibt nach dem Garen eine schöne violette Farbe. Die Garzeit ist beim schwarzen Klebreis etwas länger und liegt bei etwa vierzig Minuten.

Grüner Reis
Hierbei handelt es sich um frischen, noch unreif geernteten Thai-Reis. Er wird, vorwiegend mit Kokosmilch gedämpft, für Desserts verwendet und gilt als Spezialität.

Gerösteter Reis – Kaow Kua (ข้าวคั่ว)
Für einige Gerichte wird gerösteter, fein gemörserter Reis verwendet. Hierfür wird roher, trockener weißer Klebreis bei mittlerer Hitze goldbraun geröstet und anschließend im Mörser fein zerstampft. Alternativ zum Mörser kann man hierfür auch eine kleine Küchenmaschine verwenden. In kleinen Gläsern ist dieser auch fertig in Asialäden erhältlich.

Reismehl – Paeng (แป้ง)
Reismehl wird für verschiedenste Teige und Desserts verwendet. Populär sind Reismehl, Klebreismehl und braunes Reismehl.

NUDELN – AHAN SEN (อาหารเส้น ,ก๋วยเตี๋ยว)

Eine Vielzahl von Nudeln wird in der Thai-Küche verwendet. Darin zeigt sich der Einfluss Chinas. Wir verwenden Nudeln für Salate, Suppen, als Beilage zu Currys oder Vorspeisen, als Hauptgerichte, gebraten oder gekocht, aber auch für einige bei den Thais beliebte Desserts.

GRUNDBRÜHEN

Eigentlich reicht es, wenn man eine gute Grundbrühe zubereitet. Am besten vorwiegend mit Huhn und Gemüse; aber auch Schweineknochen werden in Thailand gern dafür verwendet. Vegetarier machen eine reine Gemüsebrühe. Sie lässt sich geschmacklich mit den verschiedensten Gerichten kombinieren. Die Grundbrühe bereitet man salzfrei zu, denn gewürzt wird später.
Wir geben auch keine Lorbeerblätter bei, aber dafür sehr oft ein Stück weißen Rettich und Maiskolben. Ich koche immer einen ganzen Kochtopf voll und friere die Brühe in kleinen Portionen ein.

Wichtige Küchenutensilien

Einige Dinge sind für die Zubereitung der typischen Thai-Gerichte unverzichtbar, andere erleichtern einem zwar die Arbeit, sind aber nicht unbedingt vonnöten.

MÖRSER UND STÖSSEL – KROK, SAG (ครก กับ สาก)

Keine Sorge, man benötigt nicht viel, um gut thailändisch zu kochen. Was ich jedoch unbedingt empfehle, ist ein guter Mörser. Gemörsert wird viel in der Thai-Küche. Es macht geschmacklich einen Riesenunterschied, ob Curry- und andere Würzpasten im Mörser minutenlang gestampft oder in der Küchenmaschine schnell püriert werden. Probieren Sie es selbst. Sie werden merken, wie sich die Aromen entfalten, wenn die Öle der Zutaten durch das Stampfen herausgepresst werden.
Ich selbst verwende zwei Mörser. Einen aus Stein zur Herstellung meiner Würzpasten und einen tiefen Terracotta-Mörser, in dem ich Salate wie den Som Tam stampfe.

BAMBUSKORB ODER DÄMPFEINSATZ AUS METALL

Die zweifelsohne günstigste Variante, um Gerichte zu dämpfen, ist es, einen oder mehrere Bambuskörbe auf einen passenden Topf mit Wasser zu geben. Deckel auf den obersten Korb, und ab geht die Post. Wer über einen Kombidämpfer verfügt, nehme diesen.

TUCH FÜR KLEBREIS – PHA KHAOW BANG (ผ้าขาวบาง)

Ein sehr dünnes weißes Küchentuch, das den Dampf gut durchlässt, wird zusätzlich zum Dämpfkorb benötigt, um Klebreis herzustellen.

WOKPFANNE – KA TA (กะทะ)

Die Wokpfanne ist mein Allzweckgerät. Zum Kochen, zum Dämpfen mit Wasser gefüllt und einem Bambuskorb oder Dampfeinsatz aus Metall darauf, mit Öl zum Frittieren. Auch Suppen bereite ich gelegentlich in der Wokpfanne zu.

ELEKTRISCHER REISKOCHER MIT REISSPACHTEL (หม้อหุงข้าวไฟฟ้า และไม้พายข้าว)

Der Einfachheit halber verwende ich zum Garen von Reis immer einen elektrischen Reiskocher. Hierbei ist einer mit Antihaftbeschichtung von Vorteil. Mit dem dazugehörigen Reisspachtel lockere ich den Reis nach dem Dämpfen auf. Wenn Sie den Reis lieber im Kombidämpfer oder am Herd garen, ist das natürlich auch gut.

Rezepte von unterwegs

Die kulinarische Reise durch meine Heimat starte ich in Bangkok oder Krung Thep, wie wir Thais sagen. Die Stadt ist seit dem 18. Jahrhundert Hauptstadt des Königreichs und hat sich mittlerweile zu einer der kulinarischen Metropolen Asiens entwickelt. Küchen aus aller Herren Länder werden in den zahlreichen Restaurants und palastartigen neuen Hotels angeboten.

Der Chao Phraya, die Lebensader Zentralthailands, schlängelt sich mitten durch die Millionenstadt. Das heutige Verkehrschaos bewältige ich auf dem Sozius eines Motorrollers, vorsichtshalber mit Helm. So schlängeln wir uns durch die Autokolonnen, um schneller unser Ziel zu erreichen. Aber Achtung, das ist nichts für schwache Nerven, denn in Bangkoks Straßen gilt inoffiziell das Recht des Stärkeren. Und über die tolle Luft hinter den Tuk-Tuks und Lkws möchte ich gar nicht sprechen.

Man sagt: »Fahre eine halbe Stunde mit dem Tuk-Tuk oder Motorrad durch Bangkok, nimm ein weißes Tuch und wische dir das Gesicht ab. Jetzt ist es schwarz.«

Sterneküche im neuen Four Seasons

Schneller als erwartet an meinem ersten Etappenziel, dem neuen Four Seasons Hotel direkt am Chao Phraya, angekommen, treffe ich auf einen guten alten Bekannten, Andrea Accordi. Andrea kenne ich schon seit über zwanzig Jahren. Er leitet die Küchen in dem neuen Luxushotel, einer Oase der Ruhe inmitten der hektischen Großstadt. Andrea ist mit einer Thai verheiratet, somit ist Bangkok zu seiner zweiten Heimat geworden. Er ist zweifellos einer der kreativsten Küchenchefs, die ich je getroffen habe. Daher ist es nicht verwunderlich, dass er auf Anhieb mit seinem Küchenteam einen Michelin-Stern erkochen konnte. Nach etwas Small Talk über vergangene Zeiten kommt auch seine Thai-Küchenchefin dazu. In diesen großen Hotels hat Andrea einen Küchenchef für jedes seiner Restaurants unter seiner Leitung. Die herzliche Thai-Chefin Anchalee Ponrungsit wird mich heute mit drei ihrer Kreationen verwöhnen. Und so komme ich gleich ins Staunen, wenn für mich aufgetischt wird. Zweifelsohne modernes Thai-Food allerfeinster Güte, zubereitet aus regionalen Produkten. So wie ich Andrea kenne, habe ich insgeheim damit gerechnet. Khun Anchalee kocht schon seit ihrer Kindheit mit Leidenschaft. Die beste Köchin ihrer Meinung nach sei ihre Großmutter, von der sie in die Geheimnisse guter Thai-Küche eingeweiht wurde. Aufgewachsen in Suphan Buri, arbeitete sie mit Andrea schon vor über zwanzig Jahren im damaligen Four Seasons Regent Hotel Bangkok zusammen, und vor Kurzem ist sie in sein Team hier im neuen Four Seasons gestoßen. Auf die Frage, was ihre Lieblingsgerichte seien, antwortet sie: immer neue Kreationen aus heimischen Zutaten mit internationalem Flair in der Anrichteweise. Dass sie mit Liebe und großer Hingabe arbeitet, merke ich schon, als ich ihr beim Zubereiten der Gerichte zusehe. Jeder Handgriff sitzt, und die feinsten Details werden noch mit einer Pinzette hinzugefügt.

Snowfish mit süßer Chilisauce

Pla Sam Ros, ปลาสามรส

ETWA 30 MINUTEN

FÜR 4 PORTIONEN

Für den Snowfish mit süßer Chilisauce

40 g Knoblauch
50 g große, milde rote Chilischote
2 Stängel frischer Koriander
4 EL Tamarindenpaste
5 EL Fischsauce
6 EL Palmzucker
2 gelbe Chilischoten
4 Stücke frische Ananas
4 Kirschtomaten
4 Kohlenfischmedaillons (Black Cod oder Snowfish, à 100 g)

Zum Anrichten

4 kleine Blätter Kapuzinerkresse
Reis
Bananenblattdreiecke

ZUBEREITUNG

SNOWFISH MIT SÜSSER CHILISAUCE

Den Knoblauch abziehen, die rote Chilischote putzen und nach Wunsch entkernen. Den Koriander waschen, trockenschütteln und die Blätter abzupfen. Den Knoblauch, die Chilischote und die Korianderblätter fein hacken oder in einem Mörser stampfen. Eine Pfanne erhitzen und die Paste darin langsam rösten, bis sich die Aromen entfalten. Die Tamarindenpaste, die Fischsauce und den Palmzucker untermischen und 50 ml Wasser aufgießen. Die Sauce leicht köcheln lassen, bis sich der Zucker aufgelöst hat und die Sauce eine dickliche Konsistenz hat. Die Sauce in eine Spritzflasche abfüllen.

Die gelben Chilischoten waschen, putzen, längs halbieren und nach Wunsch entkernen. Die Chilihälften und die Ananasstücke in einer Grillpfanne scharf anrösten. Die Tomaten waschen, putzen, das obere Drittel abschneiden und das Innere aushöhlen.

Die Fischmedaillons 4 Minuten dämpfen, sodass sie innen noch glasig sind.

ANRICHTEN

Die gedämpften Fischmedaillons auf den Tellern anrichten und mit der Kapuzinerkresse garnieren. Einige Saucenpunkte danebenspritzen. Die Ananasstücke und die halbierten Chilischoten danebengeben. Die ausgehöhlte Tomate auf das Ananasstück legen und mit Sauce füllen. Aus den Bananenblättern Tüten formen und diese mit dem Reis füllen. Die gefüllten Tüten vorsichtig auf die Teller stürzen und das Bananenblatt etwas hochziehen.

Garnelen und knuspriger Wels mit Thai-Kräutern

Saeng wha Goong Pla Duk Foo, แสร้งว่ากุ้ง ปลา ดุกฟู

ETWA 40 MINUTEN

FÜR 4 PORTIONEN

Für die Garnelen und den knusprigen Wels
4 gegrillte Garnelen (mittlere Größe, ohne Schale)
1 Schalotte
etwa 3 cm junger Ingwer
1 Stängel Zitronengras
4 Blätter Kaffir-Limette
1 rote Chilischote
1 Stängel frischer Koriander
2 EL Fischsauce
2 EL Limettensaft
2 EL Zucker
1 EL süße Chilipaste
1 kleiner, gegrillter Wels
neutrales Pflanzenöl

Zum Anrichten
12 Blätter Cha Plu
12 Reispapierschälchen (alternativ knusprig gebackene Reispapier-Chips)
Minzeblätter
essbare Blüten
in feine Ringe geschnittene rote Chilischote

ZUBEREITUNG

GARNELEN UND KNUSPRIGER WELS

Die Garnelen fein schneiden. Die Schalotte abziehen und fein würfeln. Den Ingwer schälen und in feine Streifen schneiden. Das Zitronengras und die Kaffir-Limettenblätter putzen und fein schneiden. Die Chilischote putzen, entkernen und in feine Ringe schneiden. Den Koriander waschen, trockenschütteln und fein hacken. Alle vorbereiteten Zutaten in eine Schüssel füllen. Die Fischsauce, den Limettensaft, den Zucker und die Chilipaste zu einer Marinade vermischen und den Garnelensalat damit marinieren.
Mit einer Gabel das Welsfleisch von den Karkassen schaben. Reichlich Öl im einem Wok erhitzen und das Welsfleisch goldbraun braten.

ANRICHTEN

Auf je ein Blatt Cha Plu ein Reisschälchen stellen und mit dem Garnelensalat füllen. Etwas knusprigen Wels darauf anrichten und mit Blüten, Minze und Chiliringen garnieren.

Mit Massaman-Huhn gefüllte, gedämpfte Teigblüten

Chor Mung Massaman Gai, ช่อม่วงมัสมั่นไก่

ETWA 40 MINUTEN

FÜR 4 PORTIONEN

Für die Teigblüten
200 g Hühnerbrust
1 EL Ingwer
120 ml Kokoscreme
3 EL Massaman-Currypaste (siehe Seite 225)
2 EL Fischsauce
2 EL Palmzucker
½ TL Tamarindenpaste
120 ml Kokosmilch
etwa 75 g Reismehl
1 EL Klebreismehl
2 EL Tapiokamehl
1 EL Pfeilwurzelmehl
120 ml blaue Flüssigkeit (aus Schmetterlingserbsenpulver)

Zum Anrichten
1 EL Kokoscreme
Salatblätter
Chiliringe
essbare Blüten
in feine Ringe geschnittene rote Chilischote

ZUBEREITUNG

TEIGBLÜTEN

Für die Füllung die Hühnerbrust fein hacken oder durch den Fleischwolf drehen. Den Ingwer schälen, fein schneiden und mit dem Fleisch vermischen. Die Kokoscreme zusammen mit der Currypaste aufkochen und langsam einkochen, bis das Fett austritt. Dann das Fleisch, die Fischsauce, den Palmzucker und die Tamarindenpaste unterrühren. Einmal aufkochen und anschließend die Kokosmilch zugeben. Das Curry langsam bis zu einer dickflüssigen Konsistenz einkochen und dann abkühlen lassen.

Für den Teig die verschiedenen Mehlsorten vermischen und mit der blauen Flüssigkeit verrühren. Die Mehlmischung in einem Topf bei niedriger Temperatur unter ständigem Rühren erhitzen, bis ein zäher Teig entstanden ist. Den Teig dann in zwölf Portionen teilen. In jede Teigportion eine Portion Massaman-Curry geben und zu Kugeln rollen. Diese können an der Oberfläche nach Belieben dekorativ zu Blüten geformt werden. Die Bällchen in einem Dämpfer 8–10 Minuten garen.

ANRICHTEN

Die Teigblüten auf die Teller verteilen und mit einem Tropfen Kokoscreme, einem Scheibchen Chili, feinen Salatblättern und essbaren Blüten anrichten.

TIPP

Die Blaue Schmetterlingserbse gibt es als Pulver (Butterfly Pea Powder) und als Tee zu kaufen. Neben den färbenden Eigenschaften werden ihr auch gesundheitsfördernde Eigenschaften wie eine antioxidative, fiebersenkende, entzündungshemmende Wirkung etc. zugesprochen. Alternativ kann im Rezept auch Wasser verwendet werden, dann bleibt der Teig weiß.

Bangkok – die Stadt mit den vielen Gesichtern

Früh am Morgen geht's zu einem der vielen Märkte. Mit dem Tuk-Tuk. Tuk-Tuks sind dreirädrige, auf den Seiten offene Fahrzeuge, die in vielen asiatischen Ländern gefahren werden. Hier nehme ich zuerst ein Thai-Frühstück zu mir, bevor ich die verschiedenen Obst- und Gemüsestände durchstreife. Alles, was Thailand saisonal an frischen Produkten zu bieten hat, wird hier angeboten. Zu sehr günstigen Preisen, verglichen mit den Supermärkten, und in absoluter Frische. Natürlich entdeckt man auch immer einige Streetfood-Stände mittendrin. Es beginnt alles früh, sehr früh. Schon vor Sonnenaufgang startet hier das Feilschen und Kochen. Gleich nach Sonnenaufgang drehen die Mönche mit ihren »Alms Bowls« ihre Runden. Marktbesucher, aber auch die Köchinnen, alle geben sie den Mönchen Essen und teils auch Kuverts mit papierenem Inhalt zum Erhalt der Tempel, in der Hoffnung auf ein besseres Karma. Nicht viel später strömen Angestellte herbei, die hier vor der Arbeit ihr tägliches Reissuppen-Frühstück einnehmen, auf dem Weg ins Büro oder ins Geschäft.

Bei meinem auserwählten Frühstücks-Foodstall um die Ecke komme ich an den Gewürz- und Kräuterständen vorbei. Alles, was das kulinarische Herz höherschlagen lässt, kann man hier bekommen. Von Rohgewürzen bis hin zu den verschiedensten Chili- und Currypasten. Diese sind hübsch zu hohen Kegeln aufgetürmt. Die verschiedensten Chilis, frisch, als Pulver, geschrotet oder im Ganzen getrocknet, alles ist hier zu finden, um eine gelungene Mahlzeit zu kochen. Ich kaufe einige Früchte, am Ende freue ich mich, den Preis nach unten gehandelt zu haben, und der Händler freut sich, da ich immer noch mehr bezahlt habe, als sein letztes Angebot gewesen wäre. Mein Mann sagt immer zu mir: »Handle nicht so viel, die Leute verdienen eh schon sehr wenig.« Aber das Handeln gehört für uns Thais dazu, das ist eine Selbstverständlichkeit.

Das gilt übrigens auch für Motorradtaxis oder Fahrten mit dem Tuk-Tuk. Auch hier lautet die Devise: Immer zuerst den Preis aushandeln. Richtige Taxis allerdings haben heutzutage »Meters«, genau wie hier in Europa. Früher war das nicht so. Wenn man am Flughafen ankam, musste man bereits das erste Mal um den Preis feilschen, um überhaupt in die Stadt zu gelangen. Die Fahrer wissen natürlich, dass man auf sie angewiesen ist, somit waren Taxis am Flughafen früher immer um einiges teurer als die in der Stadt. Mein Mann sagte dazu immer: »Das gefällt mir an Thailand so, da wirst du gleich am Flughafen das erste Mal besch…en.« Aber wie gesagt, das ist Vergangenheit. Außerdem gibt es mittlerweile die MRT als Verbindung ins Stadtzentrum.

Ich schlendere weiter durch die Marktreihen und fühle mich wie in einer anderen Welt. Doch draußen füllen sich die Straßen Bangkoks mit dem üblichen morgendlichen Verkehrschaos. Hupende Autos, Tuk-Tuks und Motorräder überall, überfüllte Linien- und Schulbusse, die teils schwarze Abgaswolken hinter sich herziehen. Die Stadt ist wieder erwacht.

Viele Händler, die frische Produkte anbieten, schließen schon am späteren Vormittag, spätestens aber zur Mittagszeit. Sobald ihre Waren zum Großteil ausverkauft sind, liegen einige hinter ihren Ständen und genehmigen sich ein Nickerchen, bevor sie wieder abziehen. Jetzt beginnt die Zeit der Streetfood-Köchinnen. Wenn um die Mittagszeit auf den Straßen und Märkten brütende Hitze herrscht, holen sich viele ein schnelles Mittagessen. Es wird gekocht, was das Zeug hält. Allerdings würde ein Thai sein Essen niemals in der prallen Sonne genießen. Zumindest sucht er sich ein schattiges Plätzchen oder isst zu Hause mit der Familie oder im gut klimatisierten Büro oder Geschäft.

Das Pendant zum Morgenmarkt sind die Nachtmärkte. In jeder Stadt sind sie zu finden, die grell beleuchteten Plätze mit den Foodstalls, Tischen und Bänken, lauter Musik und viel Trubel. Immer gut gefüllt, unterhalten sich die Thais in Gruppen beim gemeinsamen Mahl vom Abend bis in die Nacht.

Durch die Khlongs im Stadtteil Thonburi

Gleich bei Sonnenaufgang miete ich mir ein Longtail-Boot, um durch das Labyrinth von Kanälen, die sogenannten Khlongs, im Stadtteil Thonburi zu fahren. Bangkok gilt ja als das Venedig des Ostens. Durch die Lage am Flussdelta des Chao Phraya ist bzw. war die ganze Stadt durchzogen von Kanälen. Sie wurden angelegt, um den Boden trockenzulegen und bebaubar zu machen. Das wichtigste Fortbewegungsmittel ist hier das Boot. Während jedoch in den geschäftigen Stadtteilen Bangkoks ein Khlong nach dem anderen zubetoniert wurde, um Platz für Straßen zu schaffen, ist Thonburi teils noch sehr ursprünglich. Kleine Holzhäuser auf Stelzen ragen entlang des Ufers aus dem Wasser, viele Tempelanlagen liegen direkt an den Khlongs. Man fühlt sich wie in einer anderen Welt, ländliches Feeling kommt auf, und doch ist man nur wenige Autominuten weg von der hektischen Großstadt.

Eigentlich ist ganz Bangkok übersät von kleinen und größeren Tempelanlagen. Viele kleinere davon in anderen Stadtteilen sind kaum zu sehen, da sie zwischen Hochhäusern einbetoniert sind und man den Weg durch enge Gassen finden muss.

Für mich ist Bangkok die Stadt der vielen Gesichter. Modernste Metropole und ursprüngliches gemächliches Leben geprägt vom Buddhismus, als wäre man um ein Jahrhundert zurückversetzt, Seite an Seite in einer Stadt vereint. Geschäftige Märkte, Hunderte farbenprächtig geschmückte Tempelanlagen, dann wieder totales Großstadt-Verkehrschaos. Ich kann nur jeder Besucherin und jedem Besucher empfehlen, sich ein Longtail-Boot zu mieten, um dieses ursprüngliche Bangkok hautnah zu erleben. Immer schmäler werden die Khlongs, manche so schmal, dass die dort lebenden Familien mit ihren schwimmenden »Nussschalen« gerade noch durchkommen. An jeder Khlong-Kreuzung wird kräftig gehupt, um den Querverkehr zu warnen. Neben Schlangen nennen auch bis zu zwei Meter lange Wasserwarane die Khlongs ihre Heimat. Einmal noch um die Ecke gebogen, und wir kommen zu einer Gruppe Köchinnen, die winzige Garküchen auf ihren kleinen Booten betreiben. Ich bin am Lat Mayom Floating Market (**ตลาดน้ำคลองลัดมะยม**) angekommen. Von den Floating Markets in Bangkok ist dieser mein Favorit. Es ist noch früh am Morgen, aber es wird schon eifrig gekocht. Jede Köchin auf ihrem Boot hat ihre eigene Spezialität. Manche Boote verkaufen frisch geerntete Früchte mit tollen Aromen. So bedienten sie früher hauptsächlich die Einwohner der Gegend, heute auch thailändische Touristen in den Restaurants am Wasser. Zwischendrin sieht man Souvenirläden, um die einkaufsfreudigen westlichen Touristen zu bedienen. Mittlerweile sind die Touristen im Bus zurück auf dem Weg nach Bangkok. Auf einer der Brücken über den Markt kann ich gemütlich den Sonnenuntergang genießen.

2022
新正如意 新年发财
中國城

Die Floating Markets in der Samut-Songkhram-Provinz

Ich verlasse Bangkok Richtung Südwesten. Nach einer Stunde Fahrzeit komme ich bei den Märkten in der Provinz Samut Songkhram (**สมุทรสงคราม**) an. Schon früh am Morgen bin ich am Ta Kha Floating Markett (**ตลาดน้ำทาคา**). Hier sind westliche Touristen noch Mangelware im Vergleich zu anderen Floating Markets, alles wirkt sehr ursprünglich. Es wird schon überall gekocht und gebrutzelt, was das Zeug hält. Einzigartig schön ist das alles: das Flair, die verschiedenen Düfte der Garküchen, die frischen Früchte, die morgendliche Stimmung.

Schritt für Schritt verfolge ich die Zubereitung von Khao Kriab Pak Moh (**ข้าวเกรียบปากหม้อ**). Über Dampf wird feines Reispapier, zu einem Päckchen gewickelt, frisch zubereitet, darin eine feine Fülle aus aromatischen Zutaten, meist mit Hackfleisch. Ein toller Snack, der bestreut mit geröstetem Knoblauch sowie Chilis serviert wird.

Besonders in den Abendstunden zu empfehlen ist Amphawa (**อัมพวา**). Ein Großteil der Touristen ist dann schon wieder unterwegs in Richtung Bangkok. Ich will noch auf einer alten Brücke den Sonnenuntergang genießen.

Wer am Morgen ganz früh aufsteht, kann die Mönche beobachten, wie sie in kleinen Booten mit ihren »Alms Bowls« zum Markt kommen.

Beide Märkte sind nur an Wochenenden und Feiertagen geöffnet. Auf der Fahrt dorthin mache ich noch kurz halt am bekannten Train Market (**ตลาดร่มหุบ**) in Mae Khlong (**แม่กลอง**). Er hat Bekanntheit erlangt, da hier die Marktstände direkt an den Gleisen der Bahn errichtet werden. Kommt ein Zug vorbei, wird hastig alles von den Gleisen geräumt.

Ein Restaurant zum Wohle der Gemeinschaft

Nahe Amphawa folge ich dem Tipp einer Freundin, um im Restaurant Kao Mai Plaman (**ร้านข้าวใหม่ปลามัน**) einige Spezialitäten aus dieser Region zu verkosten. Der Besitzer Khun Panya Togtong war früher Farmer für Krabben und Pla-Salid-Fisch. Vor einigen Jahren hat er sich mit seinem Sohn Sutilux den Traum von einem eigenen Restaurant erfüllt, mit dem Ziel, aus vor Ort angebauten und wild wachsenden Kräutern und Gemüsen sowie gezüchteten Fischen und Meeresfrüchten interessante Gerichte zu kreieren.

Er hilft so seiner lokalen Community mit der Abnahme ihrer Produkte und seinem Wissen über den Anbau von Produkten, welches er gerne weitergibt. Eines seiner Spezialgerichte ist ein Curry nach einem Rezept aus der Zeit Ramas V. (König Chulalongkorn, 1853–1910). Sie finden das Rezept auf Seite 50.

HORECA

Salat mit Garnelen und Naam-Pung-Doh-Blättern

Yam Yodnaampungdoh Koongsod, ยำยอดหนามพุงดอกุ้งสด

ETWA 15 MINUTEN

FÜR 4 PORTIONEN

Für den Salat mit Garnelen und Naam-Pung-Doh-Blättern
7 EL Fischsauce
7 EL Limettensaft
7 EL Palmzucker
400 g Naam-Pung-Doh-Blätter
3–4 Schalotten
kleine rote Chilischoten
400 g vorgegarte Garnelen (ohne Schale, mittlere Größe)

Zum Anrichten
Salatblätter
Tomatenscheiben

ZUBEREITUNG

SALAT MIT GARNELEN UND NAAM-PUNG-DOH-BLÄTTERN

Für das Dressing die Fischsauce, den Limettensaft und den Palmzucker gut verrühren, bis der Zucker aufgelöst ist. Die Naam-Pung-Doh-Blätter waschen, 20 Sekunden in kochendem Wasser blanchieren und dann in Eiswasser schnell abkühlen. Anschließend in einem Sieb gut abtropfen lassen. Die Schalotten abziehen und in feine Streifen schneiden. Die Chilischoten putzen, nach Wunsch entkernen und in feine Scheiben schneiden. Alle Salatzutaten in einer Schüssel mit dem Dressing vermengen.

ANRICHTEN

Den Salat auf den Tellern anrichten und etwas Dressing darübergeben. Mit den Salatblättern und Tomatenscheiben garnieren.

TIPP

Die in dieser Region heimischen Naam-pung-doh-Blätter geben dem Salat die besondere Note. Die Pflanze wächst wild, wird wegen ihrer 1 cm langen Stacheln aber nur selten geerntet.

Krabbencurry nach altem Rezept

Gaeng Om Kan chiang poo Nam Pung doh,

แกงอ่อมกรรเชียงปู หนามพุงดอ

ETWA 25 MINUTEN

FÜR 4 PORTIONEN

Für das Krabbencurry

100 g getrocknete, milde rote Chilischoten
1 unbehandelte Kaffir-Limette
3 Stängel Zitronengras
3 EL Galgant
5–6 Schalotten
5–6 Zehen Knoblauch
1 EL Garnelenpaste (Kapi)
Salz
½ TL schwarze Pfefferkörner
1 TL Koriandersamen
600 ml Kokosmilch
2 Handvoll Naam-Pung-Doh-Blätter (ersatzweise Spinatblätter)
400 g gekochtes Krabbenfleisch (z. B. Schlammkrabbe)
200 ml Gemüsebrühe
4 EL Fischsauce
2 EL Palmzucker

Zum Anrichten

gegarter Reis

ZUBEREITUNG

KRABBENCURRY

Die Chilischoten entkernen. Die Limette waschen, gut trocknen und die Schale fein abreiben. Das Zitronengras und den Galgant putzen und fein schneiden. Die Schalotten und den Knoblauch abziehen und fein schneiden. Alle vorbereiteten Zutaten zusammen mit der Garnelenpaste, etwas Salz, den Pfefferkörnern und den Koriandersamen in einem Mörser etwa 10–15 Minuten lang zu einer feinen Paste stampfen.
Die Kokosmilch langsam einkochen, bis das Fett austritt. Die Currypaste zugeben und 2–3 Minuten langsam weiterkochen. Die Naam-Pung-Doh-Blätter waschen und trockenschütteln. Die Blätter zusammen mit den restlichen Zutaten in die Kokosmilch geben und alles zusammen noch weitere 2 Minuten kochen.

ANRICHTEN

Das Krabbencurry auf tiefe Schalen verteilen und den Reis dazu servieren.

An die Trat-Provinz

Richtung Osten fahren wir weiter nach Trat, die südöstlichste Provinz direkt an der kambodschanischen Grenze. Im abgelegenen, aber idyllischen Fischerdorf Mai Rut ungefähr vierzig Kilometer von der Grenze zu Kambodscha entfernt sind wir bei Khun Chin zu einem typischen Homestyle-Abendessen eingeladen. Für Fotofreunde lohnt sich ein Abstecher hierher für eine Nacht allemal.

Khun Ya – »Perle des Südens«

Das eigentliche Ziel ist die der Küste vorgelagerte Insel Koh Chang. Hier aalen sich Touristen an den Traumstränden mit hellem Sand, türkisfarbenem Meer und Palmen. Ich allerdings komme wegen des Essens. Meine Freundin Nongrat Nopphawan, Khun Ya genannt, ursprünglich aus dem Süden Thailands, aber seit zwanzig Jahren auf Koh Chang verheiratet, ist eine sehr kreative Köchin. Sie ist hier gleichsam die »Perle des Südens«. Khun Ya verwöhnt die Gäste in ihrem eigenen Restaurant Khao Kwan. Zur großen Freude von Touristinnen und Touristen gibt sie auch Kurse, in denen sie die Zubereitung ihrer kreativen Interpretation der Thai-Küche lehrt. Sie hat einen Abschluss vom MSC Thai Culinary Arts College und ist eine Meisterin der Details. Das Auge kommt bei ihr nie zu kurz. Filigran und feinst dekorativ sind ihre Gerichte arrangiert. Die Begabung der Thais für dekorative Künste erreicht in ihrer Küche zweifelsohne einen Höhepunkt. Ich freue mich schon aufs Verkosten.

Bananenblütensalat

Yam Hua Plee, ยำหัวปลี

ETWA 20 MINUTEN

FÜR 4 PORTIONEN

Für den Bananenblütensalat
4 große rote Chilischoten
1 Schalotte
80 g Knoblauch
1 EL neutrales Pflanzenöl
5 EL Zucker
4 EL Fischsauce
5 EL Limettensaft
4 EL cremige Kokosmilch
270 g Bananenblüten (aus dem Asia-Shop)
60 g vorgegartes Hähnchenfleisch
2 EL Erdnüsse
4 TL Kokosflocken
4 TL knusprig gebratene Schalottenringe
einige Blätter frische Minze

Zum Anrichten
8 gegrillte Garnelenschwänze (ohne Schale, Größe 8–12)
einige essbare Blüten
Dillspitzen

ZUBEREITUNG

BANANENBLÜTENSALAT

Die Chilischoten waschen, die Kerne entfernen und in feine Streifen schneiden. Die Schalotte und den Knoblauch abziehen, die Schalotte in feine Streifen schneiden und den Knoblauch fein hacken. Das Öl in einer Pfanne erhitzen, die Chilischote, die Schalotte und den Knoblauch goldbraun rösten und anschließend in eine Schale umfüllen. Den Zucker, die Fischsauce, den Limettensaft und die Kokosmilch zugeben und alles gut vermischen. Die Bananenblüten abtropfen lassen, das Hähnchenfleisch in Streifen schneiden und beides in eine Schüssel geben. Die Erdnüsse in einer beschichteten Pfanne ohne Fettzugabe leicht rösten, grob mörsern und in die Schüssel geben. Die Kokosflocken ebenfalls leicht rösten und ebenfalls dazugeben. Die Minzblätter waschen, trockentupfen, in Streifen schneiden und zusammen mit den Schalottenringen in die Schüssel geben. Die Marinade darübergießen und alles gut vermischen.

ANRICHTEN

Den Salat mithilfe eines Anrichterings auf tiefe Teller aufteilen und je zwei Garnelenschwänze darauf anrichten. Die restliche Salatmarinade durch ein Sieb über den Salat träufeln. Mit den Blüten und Dillspitzen garnieren.

Thai-Ceviche vom Garupa

Pla´ Pla Ya´m sawaat, พล่าปลาย่ำสวาท

ETWA 20 MINUTEN

FÜR 4 PORTIONEN

Für die Sauce
8 Korianderwurzeln (alternativ Korianderstängel)
40 g Chilischote
80 g Knoblauch
12 EL geröstete Erdnüsse
10 EL Fischsauce
10 EL Limettensaft
4 EL Zucker

Für den Thai-Ceviche
240 ml weißer Essig
Saft von 2 Limetten
Salz
400 g sehr frisches »Blue Spotted« Garupafilet (Kinnstreifen-Forellenbarsch, alternativ anderer sehr frischer Fisch oder sehr frische Garnelen)
240 ml Drachenfruchtsaft
80 g Schalotten
12 Blätter Kaffir-Limette
120 g Zitronengras
einige Blätter frische Minze
80 g langer Koriander (Pak Chi Farang)

Zum Anrichten
Thai-Sellerie-Öl
einige essbare Blüten für die Deko

ZUBEREITUNG

SAUCE

Die Korianderwurzeln putzen, die Chilischote putzen und nach Wunsch entkernen, den Knoblauch abziehen. Diese grob hacken und in einem Mörser zu einer feinen Paste stampfen. Die Erdnüsse fein zerreiben. Anschließend die Erdnüsse, die Fischsauce, den Limettensaft und den Zucker unter die Paste rühren.

THAI-CEVICHE

Den Essig und den Limettensaft vermischen und mit etwas Salz würzen. Das Fischfilet in 1–2 cm große Würfel schneiden und 3–4 Minuten in der Marinade durchziehen lassen. Die Hälfte der Fischwürfel aus der Marinade nehmen und gut abtropfen lassen. Den Drachenfruchtsaft in eine Schale gießen und die abgetropften Fischwürfel darin etwas von der Farbe des Saftes annehmen lassen. Anschließend sowohl die Fischwürfel aus der Essigmarinade als auch die aus dem Drachenfruchtsaft getrennt in Sieben abtropfen lassen. Die Schalotten abziehen, die Limettenblätter, das Zitronengras, die Minze und den Koriander waschen und putzen. Die Schalotten und die Kräuter fein schneiden und in einer Schale vermischen. Die hellen Fischwürfel zu der Schalotten-Kräuter-Mischung geben und gut vermischen.

ANRICHTEN

Die hellen Fischwürfel mithilfe von Anrichteringen als Ring auf den Tellern platzieren und die rot gefärbten Fischwürfel darauf anrichten. Die Sauce in die Mitte des Rings geben und mit einigen Tupfen Sellerie-Öl und den Blüten garnieren.

Laab-Salat vom Huhn

Laab Gai, ลาบไก่

ETWA 45 MINUTEN

FÜR 4 PORTIONEN

Für die Laab-Paste
100 g Schalotten
2–3 kleine Zehen Knoblauch
40 g Galgant
10 g Zitronengras
kleine, getrocknete Chilischoten
4 EL neutrales Pflanzenöl

Für den Laab-Salat vom Huhn
500 g Hühnerfleisch
125 ml Hühnerbrühe
Meersalz
1–2 TL Chilipulver
4 EL Limettensaft
4 EL Fischsauce
2 EL Zucker
4 Stängel frischer Koriander
5–6 Stängel frische Minze
1 Frühlingszwiebel
4–5 Blätter Kaffir-Limette
1 EL gerösteter gemahlener Reis
40 g Laab-Paste

Für die essbaren Schälchen
25 g Reismehl
25 g Mehl Type 405
1 Ei
1 EL weiße Sesamsaat
neutrales Pflanzenöl zum Frittieren

TIPP

Für dekorative farbige Schalen den Teig zum Beispiel mit etwas Rote-Bete-Saft oder -pulver färben.

ZUBEREITUNG

LAAB-PASTE

Die Schalotten und den Knoblauch abziehen. Den Galgant und das Zitronengras putzen. Alles fein schneiden und in einen Mörser füllen. Die Chilischoten nach Wunsch entkernen, zerkleinern und in den Mörser geben. Alles zu einer feinen Paste stampfen. Das Öl in einer Pfanne erhitzen und die Paste unter ständigem Rühren gut anrösten. Vor der Weiterverwendung die Paste komplett auskühlen lassen.

LAAB-SALAT VOM HUHN

Das Hühnerfleisch sehr fein hacken oder durch den Fleischwolf drehen. Das Fleisch zusammen mit der Hühnerbrühe in einem Topf langsam 2–3 Minuten kochen. Mit etwas Salz abschmecken. Für die Marinade das Chilipulver, den Limettensaft, die Fischsauce und den Zucker verrühren, bis sich der Zucker komplett aufgelöst hat. Die Kräuter waschen und trockenschütteln. Die Blätter vom Koriander und der Minze abzupfen. Die Frühlingszwiebel in feine Röllchen, die Limettenblätter in feine Streifen schneiden. Das Fleisch, die Marinade und die Kräuter zusammen mit den restlichen Zutaten in eine Schüssel geben und alles gut vermischen.

ESSBARE SCHÄLCHEN

Für den Teig alle Zutaten in eine Schale geben und mit 85 ml Wasser gut verrühren. Reichlich Öl in einem Topf erhitzen. Eine kleine Metallform oder alternativ einen kleinen Schöpflöffel im Öl erhitzen. Anschließend die Form bzw. den Schöpflöffel in den Teig tauchen und wieder kurz ins Öl geben. Wieder herausnehmen und die Schale vorsichtig von der Form ablösen.

ANRICHTEN

Den Salat in den essbaren Schälchen anrichten.

Lohn-Krabbensalat

Lohn Poo, หลนปู

ETWA 40 MINUTEN

FÜR 4 PORTIONEN

Für den Lohn-Krabbensalat
100 g Schalotten
4 Korianderwurzeln (alternativ Korianderstängel)
1 TL frisch gemahlener schwarzer Pfeffer
600 g cremige Kokosmilch
1–2 Stängel Zitronengras
4 Garnelenschwänze
180 g Palmzucker
2 TL Fischsauce
150–180 g Tamarindenpaste (je nach Säure)
Salz
200 g vorgegartes Krabbenfleisch (z. B. Schlamm- oder Königskrabbe)
4 Blätter Kaffir-Limette

Zum Anrichten
einige blanchierte Kohlblätter
ausgehöhlte Karottenstücke
ausgehöhlte Gurkenstücke
essbare Blüten

ZUBEREITUNG

LOHN-KRABBENSALAT

Die Schalotten abziehen und in feine Streifen schneiden. Die Korianderwurzeln putzen und hacken. 50 g der Schalotten mit den Korianderwurzeln und dem Pfeffer in einem Mörser zu einer feinen Paste stampfen. Die Hälfte der Kokosmilch aufkochen und die Paste darin erhitzen, bis sich die Aromen entfalten. Das Zitronengras putzen und fein schneiden. Es werden 4 TL benötigt. Die Garnelenschwänze fein hacken. Den Rest der Kokosmilch (300 ml), die restlichen Schalotten (50 g), das Zitronengras, die Garnelenschwänze, den Palmzucker, die Fischsauce und die Tamarindenpaste untermischen und mit Salz abschmecken. Die Kaffir-Limettenblätter waschen, trocknen und fein schneiden. Anschließend das Krabbenfleisch und die Limettenblätter zur Kokosmilch geben und gut durchrühren. Den Krabbensalat abkühlen lassen.

ANRICHTEN

Den Krabbensalat in kleinen Portionen in die Kohlblätter einwickeln bzw. in die Karotten- und Gurkenstücke füllen und auf den Tellern anrichten. Mit den Blüten garnieren.

Rustic Eastern Thai Cuisine im Zong Zi Pad Pad (๒๔๘๘)

Von einer guten Bekannten bekam ich auch den Tipp, im Restaurant Zong Zi Pad Pad vorbeizuschauen – ein Volltreffer, wie sich zeigt. Ich treffe die junge Küchenchefin Khun Tulaphorn Panchana, sie hat fünf Gerichte für uns vorbereitet.
Das vor fünf Jahren eröffnete Restaurant des einheimischen Ehepaares, Khun Pla und Khun Not, bringt authentische Küche aus der Region unter Verwendung der lokal angebauten Zutaten auf den Tisch. Die Gerichte nach alten, überlieferten Rezepten stammen von ihrem Vater. Dazu werden Gäste noch musikalisch vom Eigentümer unterhalten. Gutes Essen gepaart mit Live-Musik, das bleibt jedem in Erinnerung.

Bua Loy mit Ei im Sirup

Bua Loy Kai Whan, บัวลอยไข่หวาน

ETWA 40 MINUTEN

FÜR 4 PORTIONEN

Für die Bua Loy
120 g Klebreismehl
500 ml Kokosmilch
50 g geputzte Taro
1 TL Palmzucker
½ TL Salz

Für das Ei in Sirup
4 kleine Schalotten
1 TL Palmzucker
4 Scheiben Ingwer
4 Eier

ZUBEREITUNG

BUA LOY

Das Klebreismehl, 2 EL Kokosmilch und 5 EL kaltes Wasser zu einem Teig verrühren. Den Teig mit den Händen zu kleinen Perlen rollen. Reichlich Wasser aufkochen und die Perlen darin garen, bis sie oben schwimmen. Die Perlen mit einem Schaumlöffel aus dem Wasser heben und gut abtropfen lassen. Die Taroknolle etwa 20 Minuten dämpfen und in kleine Würfel schneiden.
Die restliche Kokosmilch (etwa 470 ml) mit dem Salz und dem Palmzucker erhitzen und die Reisperlen und die Taro zugeben.

EI IN SIRUP

Die Schalotten abziehen. Etwa 500 ml Wasser mit dem Palmzucker, den Schalotten und dem Ingwer 2–3 Minuten bei mittlerer Temperatur köcheln lassen. Die Eier einzeln in eine Schale aufschlagen, in das aromatisierte Wasser gleiten lassen und 5 Minuten pochieren.

ANRICHTEN

Je ein pochiertes Ei mit etwas Kochsirup, einer Schalotte und einer Scheibe Ingwer in einem Schälchen anrichten. Das Bua Loy ebenfalls in vier Schälchen anrichten. Zu jedem Gedeck ein leeres Schälchen zum Mischen der beiden servieren.

TIPP

Reismehl gibt es in unterschiedlichen Formen, grundsätzlich handelt es sich dabei aber immer um sehr fein gemahlene Reiskörner. Es gibt weißes Reismehl (aus Langkornreis), braunes Reismehl, Reisvollkornmehl und Klebreismehl. Letzteres ist durch seinen hohen Stärkegehalt klebriger als anderes Reismehl.

Grünes Curry mit rotem Reis und Fischküchlein

Zong Zi Pad Pad, ข้าวผัดแดงแกงเขียวหวาน

ETWA 40 MINUTEN

FÜR 4 PORTIONEN

Für die süßsauren Gurken-Pickles
100 g Gurke
1 Schalotte
1 EL weißer Reisessig
1 EL Limettensaft
1 EL Zucker
Salz

Für den gebratenen roten Reis
400 g fertig gegarter Reis (z. B. Reisberry-Reis und Jasminreis gemischt)
2 kleine Schalotten
2 EL neutrales Pflanzenöl
1 ½ EL Pantai-Tofu in roter Würzsauce (Red Bean Curd)
Salz
1 EL gerösteter Knoblauch

Für das grüne Curry
500 ml Kokosmilch
1 EL grüne Currypaste (siehe Seite 224)
250 g Hühnerfleisch
125 ml Geflügelbrühe
1 Handvoll Erbsen-Auberginen (Ma Kheua Phuang)
2–3 EL Fischsauce
2 EL brauner Zucker
Salz

Für die Fischküchlein
200 g Fischfilet ohne Gräten
1 EL rote Currypaste (siehe Seite 224)
10 cm Schlangenbohnen
2 Blätter Kaffir-Limette
Salz, 1 TL Zucker
etwas neutrales Pflanzenöl zum Braten

ZUBEREITUNG

GURKEN-PICKLES

Die Gurke schälen, halbieren, entkernen und in feine Scheiben schneiden. Die Schalotte abziehen und in feine Streifen schneiden. Beides in eine Schüssel füllen. Den Reisessig, den Limettensaft, 50 ml Wasser, den Zucker und etwas Salz in einem Topf verrühren und erwärmen, bis der Zucker aufgelöst ist. Die Marinade über die Gurken gießen und alles gut vermischen.

GEBRATENER ROTER REIS

Die beiden Reissorten nach Packungsanleitung garen und dann auskühlen lassen. Die Schalotten abziehen und in feine Scheiben schneiden. Das Öl in einer Pfanne erhitzen, den Reis und die Schalotten anbraten. Den Pantai-Tofu untermischen und mit Salz abschmecken. Vor dem Servieren den gerösteten Knoblauch untermischen.

GRÜNES CURRY

Die Hälfte der Kokosmilch langsam einkochen, bis das Fett austritt. Dann die Currypaste zugeben und 2 Minuten weiterköcheln lassen. Das Hühnerfleisch klein schneiden, untermischen und 2–3 Minuten weiterköcheln lassen. Die Brühe, die restliche Kokosmilch (250 ml) und die Auberginen zugeben und mit der Fischsauce, dem Zucker und Salz abschmecken.

FISCHKÜCHLEIN

Das Fischfilet in kleine Stücke schneiden und zusammen mit der Currypaste in einem Standmixer pürieren. Die Schlangenbohnen putzen und in dünne Scheiben schneiden. Die Limettenblätter waschen, trockentupfen und in feine Streifen schneiden. Beides unter die Fischfarce mischen und mit Salz und Zucker abschmecken. Aus der Fischfarce kleine, 1 cm dicke Küchlein formen und diese in heißem Öl beidseitig 2 Minuten braten.

Zum Anrichten
1 roter Chilisstreifen
1 Zweig süßes Thai-Basilikum
Salatblätter
Tomatenscheiben
Frühlingszwiebeln
frische Ananas

ANRICHTEN

Das grüne Curry auf tiefe Schalen verteilen und mit den Chilistreifen und Thai-Basilikum-Blättern garnieren. Den roten Reis mithilfe einer Anrichteform daneben platzieren. Je zwei kleine Fischküchlein neben das Curry legen. Die gepickelten Gurken in separaten Schälchen anrichten. Mit Salatblättern, Tomatenscheiben, Frühlingszwiebeln und Ananasstücken garnieren.

Papaya-Som-Tam-Salat

York, ยอก

ETWA 20 MINUTEN

FÜR 4 PORTIONEN

Für die Papaya Som Tam
kleine Chilischoten
4 Kirschtomaten
50 g grüne Papaya
2 EL getrocknete Erdnüsse
½ TL Palmzucker
1 ½ EL Fischsauce
1 ½ EL Limettensaft
2 EL getrocknete, gehackte Garnelen

Für die Schweinefleischküchlein
2 Zehen Knoblauch
1 Korianderwurzel (alternativ Korianderstängel)
200 g Hackfleisch vom Schwein
1 TL Zucker
Salz
frisch gemahlener schwarzer Pfeffer
neutrales Pflanzenöl zum Frittieren

Zum Anrichten
1 rote Chilischote, in Ringe geschnittene
Korianderblätter
8 kleine Fischküchlein (siehe Seite 66)
100 g kleine, getrocknete Fische
frische, junge Tapioka-Blätter
frische Ma-Yom-Blätter (Grosella)

ZUBEREITUNG

PAPAYA SOM TAM

Die Chilischoten putzen, nach Wunsch entkernen und fein schneiden. Die Tomaten waschen, halbieren, entkernen und in feine Streifen schneiden. Die Papaya schälen, entkernen und fein hobeln. Die Erdnusskerne hacken. Die Chilischoten in einem hohen Mörser stampfen. Dann die Tomaten, die Papaya, den Palmzucker, die Fischsauce und den Limettensaft zugeben und weiterstampfen. Zum Schluss die Erdnusskerne untermischen.

SCHWEINEFLEISCHKÜCHLEIN

Den Knoblauch abziehen, die Korianderwurzel putzen und beides grob hacken. Anschließend in einem Mörser fein zerstoßen. Dann das Hackfleisch zugeben, mit Zucker, Salz und Pfeffer würzen und alles gut vermengen. Aus dem Fleischteig acht kleine Küchlein formen und 2 Minuten dämpfen. Das Öl erhitzen, die Küchlein goldbraun backen und auf Küchenpapier abtropfen lassen.

ANRICHTEN

Das Papaya Som Tam auf vier Schälchen verteilen und mit den Chiliringen und dem Koriander garnieren. Je zwei Schweinefleisch- und Fischküchlein und einige getrocknete Fische separat in kleinen Schalen danebenstellen. Die Tapioka- und Ma-Yom-Blätter dazu servieren.

An den Süden: Das Juwel Krabi

Fast ganz im Süden des Landes gelange ich nach Krabi, eine idyllisch-schöne Provinz mit imposanten Kalksteinformationen, Traumstränden und einer Vielzahl an vorgelagerten Inseln.

Immer wieder komme ich gerne hierher, miete mir ein Longtail-Boot, um verschiedene kleine Inseln aufzusuchen. Einfach traumhaft schön. Kein Geheimtipp allerdings, sondern eines der beliebtesten Reiseziele in ganz Thailand. Ich fahre geradewegs zu Khun Wijitra Chaichana (**คุณวิจิตรา ไชยชนะ**), Küchenchefin im Dusit Krabi Resort am Khlong Muang Beach (**หาดคลองม่วง**) . Dieser lange schöne Sandstrand ist etwas ruhiger als andere Strände in der Umgebung. Sie kocht für mich einige ihrer Lieblingsgerichte aus Südthailand. Geprägt ist die Küche dieser Region von Meeresfrüchten und einem Einfluss aus dem nahe gelegenen Malaysia. Da lasse ich mich von der gelernten Köchin, einer Einheimischen aus Krabi, gerne überraschen.

Der Nachtmarkt in der Provinzhauptstadt Krabi ist eine Fundgrube für Alex und seine Kamera. Wir setzen uns an einen kleinen Essensstand und beobachten das Leben und Treiben am Markt. Stundenlang, wie ich soeben feststelle.

Die schönste Insel ist Koh Hong (**เกาะห้อง**), eine halbe Stunde mit dem Longtail-Boot von Krabis Küste entfernt. So stelle ich mir das Paradies vor. Wer möchte, kann auch die ungefähr dreihundert Stufen zu einem Look-out hinaufgehen. Der Ausblick ist wunderschön. Es lohnt sich, am späten Nachmittag noch nach Koh Pakbia (**เกาะผักเบี้ย**) weiterzufahren.

Südthailändisches Krabbencurry

Geang Ka-Ti Pu Bai Cha-plu, แกงกะทิปูใบชะพลู

ETWA 15 MINUTEN

FÜR 4 PORTIONEN

Für das südthailändische Krabbencurry
400 ml Kokosmilch
80 g rote Currypaste (siehe Seite 224)
4 cm Kurkuma (alternativ 1 TL Kurkumapulver)
1 TL Garnelenpaste (Kapi)
4 EL Fischsauce
2 EL Palmzucker
Salz
400 g Krabbenfleisch (z. B. Schlamm- oder Königskrabbe)
1 Stängel süßes Thai-Basilikum
8 Blätter Cha Plu (Thailändisches Pfefferblatt)

Zum Anrichten
200 g gekochte feine Reisnudeln
1 EL gerösteter Knoblauch
200 g Gurkenstäbchen
200 g Karottenstäbchen
200 g Schlangenbohnen
200 g kleine Thai-Auberginen
einige Cashew-Blätter
einige Jod-Man-Pu-Blätter oder Thai-Kräuter nach Wahl
1 in dünne Streifen geschnittene rote Chilischote
Reis

ZUBEREITUNG

SÜDTHAILÄNDISCHES KRABBENCURRY

Die Hälfte der Kokosmilch erhitzen, die Currypaste und die Kurkuma zugeben und alles einkochen, bis sich die Aromen entfalten. Die restliche Kokosmilch (200 ml) zugeben und mit der Garnelenpaste, der Fischsauce, dem Palmzucker und etwas Salz würzen. Das Krabbenfleisch unterrühren. Das Thai-Basilikum und die Cha-Plu-Blätter waschen, trockentupfen, grob schneiden und in das Curry mischen.

ANRICHTEN

Einen dekorativen Ring aus Gemüse, Reisnudeln und Kräutern auf den Tellern anrichten. Das Krabbencurry auf tiefe Schalen verteilen, diese mittig in den Ring stellen und mit Chilistreifen garnieren. Den Reis dazu servieren.

TIPP

Das Krabbenfleisch kann auch durch Garnelen ersetzt werden.

Saures Fischcurry

Geang Som Plakapong Yod Ma-Praw, แกงส้มปลากะพงยอดมะพร้าว

ETWA 20 MINUTEN

FÜR 4 PORTIONEN

Für das saure Fischcurry
800 g küchenfertiger Pla Kapong (Barramundi) oder Wolfsbarsch
240 g saure Currypaste (siehe Seite 225, etwa doppelte Menge)
600 g Palmherzen (alternativ z. B. Bambussprossen, Karotten, Blumenkohl, Stangenbohnen)
40 g Palmzucker
40 g Meersalz
200 g Limettensaft

Zum Anrichten
Reis

ZUBEREITUNG

SAURES FISCHCURRY

Den Fisch in gut 1 cm dicke Scheiben schneiden. 400 ml Wasser mit der Currypaste erhitzen, die Fischstücke zugeben und etwa 5 Minuten leicht köcheln lassen. Anschließend die Palmherzen zugeben und 2 Minuten weiterköcheln lassen. Dann mit dem Palmzucker, dem Salz und dem Limettensaft würzen.

ANRICHTEN

Das Fischcurry in tiefen Schalen anrichten und den Reis dazu servieren.

Thailands faszinierender Norden

Chiang Rai liegt ganz im Norden fast an der Grenze zu Myanmar und Laos. Das sogenannte Goldene Dreieck, welches der mächtige Mekong begrenzt, liegt hier. Früher ein Umschlagplatz für Opium, ist es heute nichts weiter als ein beliebtes Touristenziel. Mich interessieren hier vor allem die Gebirgsstämme, die sich über die letzten Jahrhunderte angesiedelt haben, und nordthailändisches Kantok-Essen (**ขันโตก**), welches viele Restaurants servieren.

In ihrer Heimat teils verfolgt, genießen die Volksgruppen der angrenzenden Länder in Thailand Frieden und Ruhe. Sie gehören zwar offiziell nicht zur thailändischen Bevölkerung, sind aber von der Königsfamilie geduldet und können so ihren gewohnten traditionellen Lebensstil weiterführen. Zumindest weitestgehend, ausgenommen der Opium-Anbau natürlich.

Die Royal Project Foundation

König Bhumibol wurde nicht umsonst von der Thai-Bevölkerung geliebt. Er hat viel für sein Volk getan. Unter anderem startete er die Royal Project Foundation im Norden Thailands. Ziel dieses Projekts war es, die armen heimischen Bauern sowie die Bevölkerung der Gebirgsstämme Thailands in landwirtschaftlichen Kenntnissen auszubilden. Er verstand die Bedeutung des Wassers für die Landwirtschaft und ließ Bewässerungssysteme bauen.

Mit seiner Initiative brachte er die Gebirgsstämme weg vom Mohnanbau hin zu anderen landwirtschaftlichen Produkten. Früher war der Mohnanbau und die daraus entstehende Opiumgewinnung die Grundeinnahmequelle der Dörfer. Viele Männer waren selbst opiumsüchtig, konnten als Folge nicht arbeiten, und deren Familien verarmten.

Speziell in Europa beheimatete Gemüse und Früchte, welche in den Hotels und Restaurants der Städte gefragt sind, aber natürlich auch Heimisches für die Dörfer in der Umgebung wurde angebaut. Viel landwirtschaftliche Forschung wird im Royal Project betrieben, unter anderem zum rein biologischen Anbau. Die Dorfbewohner lernten, von der Landwirtschaft und mit der Natur zu leben und ihr Einkommen zu haben. Vom Ausgangspunkt des Projekts in Doi Angkhan, direkt an der Grenze zu Burma, dem heutigen Myanmar, gelegen, entwickelten sich immer mehr Standorte überall in Thailand, und es wurde zu einer wahren Erfolgsgeschichte.

Viele Farmen und Resorts bauen mittlerweile alle ihre Produkte biologisch an, und schnell wurden sie auch in die Thai-Küche integriert.

Ich sehe mir ein Pilz-Forschungszentrum an. Die verschiedensten Pilze werden hier mit der platzsparenden »Plastiksackerl«-Methode angebaut. Hierzu kommen die Späne des Gummibaumes sowie Pilzsporen in einen Plastikbeutel. An der Vorderseite befindet sich ein Filter, aus dem die Pilze wachsen. Die Luftfeuchtigkeit wird in den Räumen bei achtzig bis neunzig Prozent gehalten. Manche Sorten kann man alle drei Tage ernten.

Von der Farm auf den Tisch

Frische ist uns Thais besonders wichtig, und deshalb sollten die Lebensmittel im Idealfall keine weiten Wege zurücklegen. Eine Farm, welche die eigenen biologisch angebauten Produkte direkt vor Ort im angeschlossenen Restaurant auftischt, ist Baan Plai Na Wieng Ga Lhong (**บ้านปลายนาเวียงกาหลง**), an der Strecke zwischen Chiang Rai nach Chiang Mai gelegen.

Der Besitzer war Quereinsteiger in der Landwirtschaft auf der Suche nach einem Leben fernab der Hektik der Großstadt. So begann er vor fünf Jahren, braches Land zu bewässern, Reisfelder anzulegen und Gemüse anzubauen, um zum Selbstversorger zu werden. Bald darauf entstand das dazugehörige Restaurant. Ein mit sehr viel Liebe zum Detail errichtetes Resort.

Leben in einem Akha-Dorf

Manche Bevölkerungsgruppen im gebirgigen Norden wanderten aus Südchina oder Laos ein, einige aus Myanmar, die Akha sogar von so weit weg wie Tibet. Seit einigen Dekaden sind diese Gebirgsdörfer auch beliebte Ziele von Touristen, und die Bewohner der besser erreichbaren Orte verdienen ihren Lebensunterhalt mit dem Posen für Fotos sowie mit Souvenirständen.

Ganz abgeschiedene, unberührte Dörfer sind in Thailand nicht mehr zu finden, dazu muss man einige Hundert Kilometer über die nördliche Grenze nach Myanmar reisen. Auch die typische Tracht tragen die Dorfleute meist nur, wenn Touristen in der Nähe sind, oder sonntags zur Messe sowie an Fest- und Feiertagen. Mich interessiert hier die Landwirtschaft der Dörfer und die damit verbundene Küche. Ich besuche ein Akha-Dorf nahe Doi Mae Salong, die Mutter des Besitzers der kleinen, aber toll im Bambuswald gelegenen Akha Mudhouse Lodge wird mit mir typische Akha-Gerichte kochen.

Die umliegende Gegend von Doi Mae Salong ist auch bekannt für ihren Oolong-Tee und die Arabica-Kaffeeplantagen.

Akha-Chili-Dip

Naam Prik Akha, น้ำพริกอาข่า

ETWA 20 MINUTEN

FÜR 4 PORTIONEN

Für den Akha-Chili-Dip
120 Kirschtomaten
10 kleine grüne Chilischoten
2–3 Halme »Chee Ku« (alternativ Schnittlauch)
Meersalz

ZUBEREITUNG

AKHA-CHILI-DIP
Die Kirschtomaten und die Chilischoten waschen und putzen. Anschließend auf zwei Spieße stecken und diese über offenem Feuer grillen. Die gegrillten Tomaten und Chilischoten in einen Mörser geben. Die »Chee Ku«-Halme waschen, trockenschütteln, fein schneiden und ebenfalls in den Mörser geben. Alles zusammen gut einstampfen und mit feinem Meersalz würzen.

TIPP

Die Akha machen diesen Dip sehr scharf. Für weniger Schärfe können auch mildere, große Chilischoten verwendet werden.

Akha-Schweinefleisch im Bananenblatt

Laab Moo Akha Hom Shu, ลาบหมูอาข่าหอมชู

ETWA 30 MINUTEN

FÜR 4 PORTIONEN

Für das Akha-Schweinefleisch im Bananenblatt

400 g gut durchwachsenes Schweinefleisch
2–3 Stängel Minze
2–3 Stängel langer Koriander
1 Stängel Zitronengras
100 g »Hom Shu«
frische, kleine Chilischoten
Meersalz
8–12 frische Bananenblätter

ZUBEREITUNG

AKHA-SCHWEINEFLEISCH IM BANANENBLATT

Das Schweinefleisch fein hacken. Die Kräuter waschen und trockenschütteln. Das Zitronengras und den Knoblauch putzen. Die Chilischoten waschen, putzen, nach Wunsch entkernen. Alles fein schneiden und zum gehackten Fleisch geben. Das Ganze weiterhacken, bis es eine sehr feine Masse ergibt. Mit etwas Meersalz würzen. Die Bananenblätter von beiden Seiten auf dem heißen Grill leicht angrillen. Je zwei bis drei Bananenblätter aufeinanderlegen und die Fleischmasse in vier Portionen darauf verteilen. Die Bananenblätter anschließend fest aufrollen und etwas flach drücken. Die Päckchen auf den Grill legen und 15–20 Minuten grillen.

ANRICHTEN

Die Päckchen etwas öffnen und auf die Teller legen.

Traditionelles nordthailändisches Kantok-Essen

Typisch nordthailändisches Food steht als Nächstes auf dem Programm, in einem sehr kreativen Ambiente. Ein Restaurant wie eine Kunstgalerie ist das Ma Long Der, was in der Sprache der Einheimischen so viel heißt wie »Komme und probiere«. Die Besitzerin ist nicht nur kulinarisch sehr kreativ, sondern auch selbst Künstlerin und Designerin. Auch dieses Restaurant kocht ausschließlich mit regionalen Bio-Produkten und unterstützt den nachhaltigen Lebensstil.

Die Gerichte werden traditionell auf einem »Kantok« gereicht, einer Art Serviertablett aus Rattan, das einem kleinen Tischchen ähnelt. Zu den einzelnen in Schälchen angerichteten Komponenten zählt immer ein Nam Prik, frisch auf dem Markt erhältliches Gemüse, das eine oder andere Saucengericht und meist auch knuspriger Schweinebauch sowie Klebreis. Gegessen wird vom Kantok oftmals direkt mit den Händen.

Nordthailändische Sai-Oua-Würste

Nicht ganz so weit im Norden liegt Chiang Mai, die zweitgrößte Stadt Thailands, ehemalige Hauptstadt des Lanna-Königreichs. Lange eine verschlafene Stadt, hat sich Chiang Mai in den letzten zwanzig Jahren in alle Richtungen ausgebreitet. Ein großer Teil des bekannten Thai-Kunsthandwerks kommt aus der Gegend um diese Stadt.

Mich interessieren hier besonders die so aromatischen Sai-Oua-Würste, eine Spezialität aus dem Norden. Die würzig-scharfen Würste sind einzigartig. Frisch gegrillt müssen sie sein, und am besten schmecken sie mit aromatischen Kräutern und Klebreis serviert.

Ganz wichtig für Sai Oua ist neben dem Schweinefleisch eine gute Currypaste als Basis. Diese sollte Chilis, Galgant, Zitronengras, Kurkuma, Knoblauch, Schalotten, Kaffir-Limette und Shrimppaste enthalten. Das Schweinefleisch sollte schön fett sein, damit die Würste nicht zu trocken werden. Noch etwas frischer Koriander oder Korianderwurzel hinzugeben und alles gut mischen und in Därme füllen.

ABSOLUT.

Milchmaissalat

Yam Saw Doi, ยำสาวดอย

ETWA 15 MINUTEN

FÜR 4 PORTIONEN

Für den Milchmaissalat
30 g Palmzucker
50 ml Fischsauce
50 ml Limettensaft
4 kleine rote Chilischoten
1 Frühlingszwiebel
100 g Karotte
4 kleine Schalotten
8 Kirschtomaten
4 EL getrocknete Garnelen
1 EL weiße Sesamsaat
1 EL schwarze Sesamsaat
1 EL kernige Haferflocken
600 g frische weiße Maiskörner (alternativ andere Maiskörner)

Zum Anrichten
frische Kräuter
essbare Blüten

ZUBEREITUNG

MILCHMAISSALAT

Den Palmzucker mit der Fischsauce und dem Limettensaft in einem Topf vermischen und erwärmen, bis sich der Zucker aufgelöst hat. Die Chilischoten putzen, nach Wunsch entkernen und in dünne Scheiben schneiden. Die Frühlingszwiebel putzen und in feine Röllchen schneiden. Die Karotte schälen und grob raspeln. Die Schalotten abziehen und fein würfeln. Die Tomaten waschen und halbieren. Die Garnelen hacken.

ANRICHTEN

Die Maiskörner in tiefen Schalen mittig auf die Teller stellen und mit den halbierten Tomaten garnieren. Die restlichen Zutaten getrennt in kleinen Schälchen darum herum anordnen und mit den Kräutern und Blüten dekorieren.

Würzig-scharfe Erdbeeren aus Nordthailand

Tam Strawberry, ตำสตอร์เบอรรี่

ETWA 15 MINUTEN

FÜR 4 PORTIONEN

Für die würzig-scharfen Erdbeeren
600 g frische Erdbeeren
1 kleine Zehe Knoblauch
1 kleine rote Chilischote
½ EL geröstete Erdnüsse
¼ TL Garnelenpaste (Kapi)
1 ½ EL Fischsauce
1 ½ EL Limettensaft
½ TL getrocknete Anchovis
1 EL Knusperflakes
½ TL getrocknete, gehackte Garnelen
½ EL Palmzucker

Zum Anrichten
1 Bananenblatt
½ EL Kokosflocken
1 EL knusprige, kleine, getrocknete Fische
reichlich essbare Blüten und Kräuter

ZUBEREITUNG

WÜRZIG-SCHARFE ERDBEEREN

Die Erdbeeren putzen, waschen und gut trockentupfen. Dann in eine Schüssel füllen und beiseitestellen. Den Knoblauch abziehen, die Chilischote putzen und nach Wunsch entkernen. Beides fein hacken. Die Erdnüsse grob hacken. Den Knoblauch, die Chilischote, die Erdnüsse und alle restlichen Zutaten zu einer Marinade verrühren. Die Marinade über die Erdbeeren gießen und alles vorsichtig vermischen.

ANRICHTEN

Tiefe Teller mit je einem Stück Bananenblatt auslegen und die Erdbeeren mit der Marinade darauf anrichten. Kokosflocken sowie knusprige Fische darüberstreuen und mit Blüten und Kräutern großzügig garnieren.

Klebreis in Bambusrohren

Eine in Thailand weitverbreitete Spezialität ist süßer Klebreis mit Kokosmilch in grünen Bambusrohren gegrillt. Ich sehe mir genau an, wie dieses Gericht zubereitet wird. Nachdem ich die vielen notwendigen Arbeitsschritte mitverfolgt habe, frage ich mich doch, ob der Snack, verkauft zu je zwanzig bis dreißig Thai-Baht (etwa sechzig bis achtzig Cent) pro Rohr, nicht allzu hart verdientes Geld ist. Aber sehr lecker ist er auf alle Fälle. Zuerst werden die Bambusrohre auf die richtige Länge geschnitten, dann gewaschen. Nun wird gegarter Klebreis mit Kokosmilch verrührt und in die Rohre gefüllt, bevor diese in den Reis einziehen kann. Verschlossen wird das Rohr mit einem Stück Pandanblatt, das mit Kokosfasern befestigt wird.

Gegrillt wird über Holzkohle. Nach dem Grillen wird die harte Bambusschale mit großen Messern rundherum weggeschnitten. So viel, dass nur noch eine ganz dünne Hülle um den Reis liegt. Mit kleinen Messern werden abstehende Fasern sauber weggeputzt. Jetzt kann der Bambus mit den Händen wie eine Bananenschale vom Reis geschält werden. Der Reis im Inneren hat ein tolles Aroma.

Roti

Meine Freundin Au (อุ๊) Ubonwan Tantawanit und ihre ältere Schwester Pe Ku (พี่กุ๊) Arunee Tantawanit vom Baan Ho Jin (**บ้านโฮจิน**) machen uns ihre Spezialität »Roti«. Roti kommt ursprünglich aus Indien, ist aber als Dessert in Thailand weitverbreitet und äußerst beliebt. Und seit meiner Zeit als Studentin weiß ich, dass sie und ihre Schwester das für mich beste Roti machen.

Noch ein Restaurant mit Kunstgalerie

»Au«, so Ubonwans Spitzname, bringt mich noch zum Restaurant Heun Jai Yong (**เฮือนใจ๋ยอง**) mit angeschlossener Kunstgalerie etwas außerhalb der Stadt. Die Besitzerin und Köchin Khun Pe Deang-Ratvaneewan Chalardpongpun tischt mir zwei ihrer Spezialgerichte auf und lässt sich beim Kochen geduldig über die Schulter schauen.

Blüten aus Kokosgelee

Farbenprächtige Desserts aus Kokosgelee sind ein Kunsthandwerk, welches meine Schulfreundin Lah (**หล้า**) Sutthida Sriwongwan in Perfektion beherrscht. Die selbstständige Reiseleiterin widmet sich dieser meditativen Tätigkeit, um nach anstrengenden Reisen mit Touristen »runterzukommen«. Sie verarbeitet Kokosblütennektar, Kokosmilch, Zucker und ein Geliermittel zu handgegossenen Blüten. Diese schmecken ebenso köstlich, wie sie aussehen. Die verwendeten Farben sind natürlich, gewonnen aus Pflanzenextrakten.

Roti

Roti, โรตี

90 MINUTEN PLUS 2 STUNDEN RUHEZEIT

FÜR 30 STÜCK

Für die Roti
1 kg Weizenmehl Type 405
2 Eigelb
1 EL Kondensmilch
1 TL Salz
250 g warme Butter oder Margarine

Zum Anrichten
Kondensmilch
Zucker

TIPP

Die in Butter gerollten Teiglinge können abgedeckt im Kühlschrank über Nacht aufbewahrt werden.

ZUBEREITUNG

ROTI

Das Mehl in eine Schüssel sieben. Das Eigelb, die Kondensmilch, das Salz und 240 ml Wasser zugeben und alles zu einem glatten Teig kneten. Den Teig zu einer Kugel formen, mit etwas flüssiger Butter bestreichen und zugedeckt 2 Stunden bei Zimmertemperatur ruhen lassen. Anschließend den Teig in 30 kleine Portionen teilen und diese zu kleinen Kugeln rollen. Die Teiglinge in der flüssigen Butter rollen und nebeneinander in eine Form legen. Dann die Teiglinge einzeln sehr dünn ausrollen. Traditionell werden die Teigplatten dann von beiden Seiten auf einer flachen, heißen Platte, die mit etwas Butter eingepinselt wird, hellbraun und knusprig gebacken. Alternativ kann dazu auch eine Pfanne benutzt werden. Den fertigen Fladen auf ein Backpapier legen. Den Fladen zusammen mit dem Backpapier auf flach ausgebreiteten Händen hochheben und zusammenfalten. Das Backpapier um 90° drehen und ein weiteres Mal zusammenfalten. Vor dem Servieren die Roti in Stücke schneiden.

ANRICHTEN

Die Roti auf den Tellern anrichten und mit Kondensmilch und Zucker servieren.

ALTERNATIVE

Gefüllte Roti

Als Füllung eignen sich z. B. Kokosflocken und Bananenscheiben mit etwas verquirltem Ei. Dazu auf die Roti nach dem Wenden auf der Platte bzw. in der Pfanne die Füllung geben, die Rotiränder von allen vier Seiten über die Füllung einschlagen und erneut wenden. Vor dem Servieren in Stücke schneiden.

บ้านโฮจิน

บ้านโฮจิน

»Pak Chiang Da« mit Eiern

Phad Pak Chiang Da, ผัดผักเชียงดา

ETWA 15 MINUTEN

FÜR 4 PORTIONEN

Für das »Pak Chiang Da« mit Eiern

4 Tomaten
4 Schalotten
1 Frühlingszwiebel
4 Eier
4 Handvoll »Pak Chiang Da«-Gemüse (alternativ Blattspinat mit einigen Blättern Cha Plu gemischt)
2 EL Austernsauce
2 EL Pilzsauce
4 EL neutrales Pflanzenöl
1 EL Sesamöl

ZUBEREITUNG

»PAK CHIANG DA« MIT EIERN

Die Tomaten waschen und in Spalten schneiden. Die Schalotten abziehen und in feine Streifen schneiden. Die Frühlingszwiebel putzen und in feine Röllchen schneiden. Die Eier in eine Schüssel aufschlagen und verquirlen. Die Tomaten, die Schalotten, die Frühlingszwiebeln und das Gemüse unter die Eier mischen und mit der Austernsauce und der Pilzsauce würzen.
Das Pflanzenöl in einer Wokpfanne erhitzen und die Eiermischung darin scharf anbraten. Abschließend das Sesamöl unterrühren.

ANRICHTEN

Das »Pak Chiang Da« mit Eiern auf die Teller verteilen.

Mit Kräutern gedämpftes Freilandhuhn

Gai Mueng Nung Samunpai, ไก่เมืองนึ่งสมุนไพร

70 MINUTEN PLUS 12 STUNDEN RUHEZEIT

FÜR 4 PORTIONEN

Für das mit Kräutern gedämpfte Freilandhuhn

3–4 Schalotten
3 Zehen Knoblauch
2 Stängel Zitronengras
3–4 Scheiben unbehandelte Kurkuma (alternativ 1 TL Kurkumapulver)
8 Blätter Kaffir-Limette
1 EL helle Sojasauce
2 EL Austernsauce
1 EL Sesamöl
Chiliflocken
½ TL frisch gemahlener weißer Pfeffer
¼ TL frisch gemahlener langer Pfeffer (Dipli-Pfeffer)
1 Huhn
½ Pandanblatt, in Stücke von je 2 cm geschnitten

Zum Anrichten

Klebreis

ZUBEREITUNG

MIT KRÄUTERN GEDÄMPFTES FREILANDHUHN

Die Schalotten und den Knoblauch abziehen, das Zitronengras, die Kurkuma und drei Limettenblätter putzen. Alles zusammen fein hacken und in einem Mörser zerstoßen. Anschließend die Sojasauce, die Austernsauce, das Sesamöl, nach Geschmack Chiliflocken, die beiden Pfeffersorten und 50 ml Wasser untermischen. Das Huhn vierteln und die Viertel rundherum mit der Marinade bestreichen. Anschließend in eine Schüssel geben und abgedeckt im Kühlschrank über Nacht durchziehen lassen. Danach die Viertel in einen Dampfeinsatz legen, in den man einen tiefen Teller gestellt hat, da die Flüssigkeit sonst ausläuft. Das Pandanblatt in 2 cm lange Stücke schneiden und diese zusammen mit den restlichen Limettenblättern (fünf Stück) um die Hühnerviertel verteilen. Das Huhn 60 Minuten dämpfen.

ANRICHTEN

Je ein Hühnerviertel in einem tiefen Teller mit etwas Kochflüssigkeit anrichten. Den Klebreis dazu servieren.

Im Nordosten des Landes: Der Isan

Der Nordosten, genauer gesagt die Region Isan, ist meine Heimat. Als jüngstes von sechs Kindern wuchs ich in der kleinen Stadt Muang Phon in der Nähe der Provinzhauptstadt Khon Kaen auf. Mein Vater war Schuldirektor, meine Mutter Lehrerin an einer Grundschule.

Ich erinnere mich immer noch mit Freude daran, wie ich als kleines Mädchen mit meinem Vater zum Fischen ging. Den Fang verkaufte ich dann auf dem Markt. Die Erlöse meiner Verkäufe schafften es aber allzu selten zu meinem Vater, viel zu verlockend waren die kleinen Snacks und Süßigkeiten, die es rings um mich her zu kaufen gab.

Ich durchstreife diesen Markt bei Sonnenaufgang und stelle fest, dass er sich in all den Jahren kaum verändert hat, nur der Großteil der einstigen Marktköchinnen wurde mittlerweile von ihren Töchtern abgelöst. Gegessen wird nach wie vor an den niedrigen Tischchen und kleinen Hockern, nur dass man heutzutage die jungen Leute während des Essens auch hier mit ihren Smartphones spielen sieht.

Das Familien-Verkehrsmittel vieler (nicht nur im Isan) ist das Motorrad oder der Motorroller. Darauf findet oft die ganze Familie Platz. Auf einem, versteht sich. Es ist kein ungewöhnlicher Anblick, dass der Vater das Gefährt lenkt, das kleinste Kind vor ihm auf dem Tank sitzt, hinter ihm, ihn umklammernd, die Mutter und dahinter ein zweites Kind. Helme sieht man selten.

Auch ich war früher so unterwegs, die langen Haare wehten im Fahrtwind. Weit schicker als unter einem Helm versteckt. Und die roten Lichter der Ampeln an Straßenkreuzungen dienen oft nur zur groben Orientierung.

Gegessen wird im Isan, was die Landwirtschaft in dieser überwiegend trockenen Gegend hergibt. Für die Proteinzufuhr werden da schon mal Ameiseneier gekocht, eine Spezialität übrigens. Insekten werden ebenso geerntet wie Wespennester. Die Seen sind reich an Fischen, schwarzen Krabben und Wasserschnecken.

In keiner Region Thailands wird so scharf gegessen wie im Isan. Als Fischsauce wird hier meist die Pla Raa verwendet, etwas streng im Aroma für manchen »Farang«.

Ein Restaurant mit einer besonderen Spezialität

Das Restaurant Soontree (**ร้าน สุนทรี บึงหนอง โคตร**), direkt an einem See in Khon Kaen gelegen, hat ein interessantes »Signature Dish«. Frische, und ich meine wirklich frische, weil noch lebende kleine Shrimps werden hier als scharfer Laab-Salat aufgetischt. Serviert wird er mit lokalen Kräutern. Der Besitzer Peerawat Bootwong und sein Küchenchef Yuttaponcg Dongthong teilen mit mir einige ihrer Rezepte.

Isan Chicken

Das bekannte Isan Chicken, das auf Bambusspäne gesteckte, gegrillte Huhn, finden wir in einem kleinen Restaurant entlang der Straße. Gegrillt wird auf dem selbst gebauten Holzkohlegrill direkt auf dem Gehsteig. Was für ein köstliches Aroma hier die Luft erfüllt. Goldbraun und knusprig, vorab über Nacht mit einer Würzsauce mariniert. Zu meiner Überraschung teilt Khun Pin Srisuwor auch ihr Rezept.

Auf der Zuckerrohrplantage: Vom Rohr zum Saft

Mein persönlicher Reiseleiter hier ist mein ältester Bruder. Er nimmt mich zum Fischen mit und begleitet mich zu einer Community, die Zuckerrohr anbaut. Ich genieße den frisch ausgepressten Saft, nachdem ich alle Verarbeitungsschritte mitverfolgen durfte. Aus einem vier Meter langen Zuckerrohr kann gut ein Liter Saft gepresst werden. Wegen der Süße empfiehlt es sich, diesen mit Eis oder mit Kaffee vermischt zu trinken. Auch der rohe Rohrzucker ist sehr aromatisch. Schade, dass er nicht überall erhältlich ist. Er liefert ein tolles Aroma beim Kochen und Backen. Zuckerrohrstücke sind außerdem gut zum Kauen, der Saft wird ausgesaugt, übrig bleiben die Fasern. In feine, fünfzehn bis zwanzig Zentimeter lange Stäbe geschnitten, wird das Rohr auch zum Grillen verwendet. Eine Hackfleischmasse oder Klebreis wird hierfür rund um den Zuckerrohrstab geformt und gegrillt.

Hausgemachte Isan-Mam-Würste

Meine ehemalige Schulkollegin Khun Phakawan Su-in (**ผกาวัลย สุอินทร์**) kocht wie so viele hier von zu Hause aus. Es gibt hier viele kleine Unternehmen dieser Art, die das eine oder andere Restaurant beliefern und ihre Produkte in der Nachbarschaft oder auf Streetfood-Märkten verkaufen.

Die Herstellung ihrer Spezialität, der Isan-Mam-Würste, ist hundertprozentige Handarbeit, völlig ohne Maschinen. Sie lässt mich den kompletten Prozess mitverfolgen und weiht mich in ihre Geheimnisse der Würzung ein. Nachdem die Würste in den Schweinedarm gefüllt und abgebunden sind, werden sie im Garten zwölf Stunden lang in die Sonne gehängt. Dann werden sie weitere zwölf Stunden bei Zimmertemperatur gelagert. Erst dann sind sie fertig zum Verkauf. Gebraten und gegrillt schmecken diese Isan-Würste leicht säuerlich und stark nach Knoblauch, an welchem in der Produktion nicht gespart wurde.

Maam-Isan-Würste

Maam Moo, หม่ำหมู

ETWA 45 MINUTEN PLUS 24 STUNDEN RUHEZEIT

FÜR 15–20 WÜRSTE

Für die Maam Isan Sausage

2,5 kg Schweinehackfleisch (aus der Schulter)
30 g Salz
35 g brauner Zucker
17 g Instant-Suppenpulver vom Schwein
12 g frisch gemahlener weißer Pfeffer
45 g gerösteter, gemahlener Reis
150 g gehackter Knoblauch

ZUBEREITUNG

MAAM ISAN SAUSAGE

Das Hackfleisch mit den restlichen Zutaten gut vermischen. Das Wurstbrät in die Schweinedärme abfüllen und einzelne Würste abbinden.

Die Würste lässt man im Isan anfangs 12 Stunden in der Sonne trocknen, später über Nacht bei Zimmertemperatur durchziehen. Anschließend werden sie entweder gebraten oder gegrillt.

91-414-2893
ร้านหม่ำคุณแม่สาว
ล้าน2
คนละครึ่ง

Das ländliche Familienmahl

Bei den Bauern in den kleinen, ländlichen Dörfern wird meist in einer offenen Küche gekocht, angeschlossen an das Haus, über Gas oder offenem Feuer. Die Familie, die ich besuche, erntet in kleinen, hauseigenen Teichen schwarze Krabben sowie die von mir so geliebten Wasserschnecken. Früchte kommen von den eigenen Obstbäumen, und Reis wird ebenfalls selbst angebaut und eingelagert. Hundert Meter vom Haus entfernt werden nachts mit Licht Insekten geködert, hauptsächlich Heuschrecken und Käfer. Einmal in die darunterstehende tiefe Plastikschüssel gefallen, gibt es für sie kein Entrinnen mehr. Über Dampf landen sie am folgenden Tag auf dem offenen Feuer.

Das hoch in den Bäumen geerntete Wespennest ist frisch gegessen eine wahre Delikatesse, welche man nicht alle Tage findet. Klebreis wird in grünen Bambusrohren über der Glut gegart, wie wir es schon im Norden gesehen haben. Ameiseneier werden mit einem feinen Netz von deren Nestern in den Bäumen geschüttelt. Daraus wird eine herzhafte Suppe mit vielen Kräutern und Schalotten zubereitet.

Hühner und Eier kommen aus eigener Landwirtschaft, dazu gibt es noch Fisch aus dem nahe gelegenen See. Zubereitet wird das Festessen von mehreren Frauen aus der Nachbarschaft. Ganz ohne Eile erstreckt sich das Mahl bis spät in den Abend hinein.

Für das Gericht mit Wasserschnecken im Kräutersud werden die Wasserschnecken zuerst gründlich gewaschen. Dann werden in der Wokpfanne Knoblauch, Chili und Schalotten mit Wasser aufgekocht, die Schnecken zugegeben und mit Fischsauce, Salz und Pla Raa gewürzt. Zuletzt werden noch einige frische Cha-Plu-Blätter, Zitronenbasilikum und grüne Zwiebel dazugegeben und kurz untergerührt. Die Schnecken werden in der Schale serviert und herausgeschlürft.

Spareribs

See Krong Moo Yang, ซี่โครงหมูย่าง

ETWA 90 MINUTEN

FÜR 4 PORTIONEN

Für die Spareribs
2 EL helle Sojasauce
2 EL brauner Zucker
2 ½ TL feines Meersalz
1 EL Kurkumapulver
1 kg küchenfertige Schälrippchen vom Schwein

Zum Anrichten
scharfe Thai-Dip-Sauce (Nam-Jim-Jeau-Sauce, siehe Seite 226)
Pommes frites

ZUBEREITUNG

SPARERIBS

Die Sojasauce, den Zucker, das Salz und das Kurkumapulver in 1 l Wasser aufkochen und die Schälrippchen 15 Minuten darin kochen. Das Fleisch aus dem Wasser heben und in einem Sieb gut abtropfen lassen. Das Kochwasser durch ein Sieb gießen und anschließend um die Hälfte reduzieren. Die Schälrippchen nebeneinander in eine ofenfeste Form legen und abgedeckt etwa 60 Minuten in den auf Grillstufe vorgeheizten Backofen stellen und gelegentlich wenden. Die Spareribs mehrmals mit der eingekochten Marinade bestreichen.

ANRICHTEN

Die Spareribs mit der scharfen Dip-Sauce in separaten Schälchen anrichten. Die Pommes frites dazu servieren.

Laab von frischen Garnelen

Koi Kungten, ก้อยกุ้งเต้น

ETWA 15 MINUTEN

FÜR 4 PORTIONEN

Für das Laab von frischen Shrimps
2 Frühlingszwiebeln
2 Blätter langer Koriander (Pak Chee Farang)
1 EL milde Chiliflocken
4 EL Limettensaft
4 EL Fischsauce
500 g frische, kleine Garnelen

Zum Anrichten
200 g Stangenbohnen (10 cm lange Stücke)
200 g Gurkenstäbchen
1 kleiner Bund Vietnamesischer Blattkoriander

ZUBEREITUNG

LAAB VON FRISCHEN SHRIMPS

Die Frühlingszwiebeln putzen und in feine Röllchen schneiden. Den Koriander waschen, trockentupfen und quer in 5 mm breite Stücke schneiden. Beides zusammen mit dem Reis, den Chilifocken, dem Limettensaft und der Fischsauce in eine Schale füllen und gut verrühren. Vor dem Servieren die Garnelen untermischen.

ANRICHTEN

Das Garnelen-Laab auf Schalen verteilen und die Bohnen, Gurkenstäbchen und den Blattkoriander darum anrichten.

Frittierter Fisch mit Kräutern und Zwei-Dip-Sauce

Miang Pla Kapong, เหมี่ยงปลากะพง

ETWA 40 MINUTEN

FÜR 4 PORTIONEN

Für den Fisch
1 frischer Barramundi (à 700–800 g, alternativ Wolfsbarsch)
100 g Tempura-Mehlmischung
1 EL weiße Sesamsaat
neutrales Pflanzenöl zum Frittieren
50 g Erdnüsse
50 g geschälte Mango
50 g abgezogene Schalotten
50 g geschälter Ingwer
1 Stängel Zitronengras
2 rote Chilischoten
2 grüne Chilischoten

Zum Anrichten
einige Blätter Lolo Rosso und Lolo Bianco
einige Blätter Cha Plu
Tamarinden-Dip-Sauce (siehe Seite 226)
Nam Jim Talay (siehe Seite 226)

ZUBEREITUNG

FISCH

Die beiden Filets vom Fisch lösen, entgräten und in 2 cm große Würfel schneiden. Die Tempura-Mehlmischung sowie die Sesamsaat auf zwei Tellern ausbreiten. Die Fischkarkasse und die Fischwürfel nacheinander im Tempuramehl und den Sesamsamen wenden. Das Öl erhitzen und die Fischwürfel und die Karkasse goldbraun frittieren. Mit einer Schaumkelle aus dem Fett heben und auf Küchenpapier abtropfen lassen.
Die Erdnüsse in einer beschichteten Pfanne ohne Fettzugabe leicht rösten. Die Mango, die Schalotte und den Ingwer fein würfeln.
Das Zitronengras und die Chilischoten waschen und in feine Ringe schneiden.

ANRICHTEN

Die Karkasse und die frittierten Fischwürfel auf einer Platte anrichten und die vorbereiteten Zutaten daneben platzieren. Die Salat- und Cha-Plu-Blätter sowie die beiden Dip-Saucen separat dazu servieren.

Gegrilltes Isan-Huhn

Gai Yang Isan, ไก่ย่างอีสาน

ETWA 70 MINUTEN PLUS 12 STUNDEN RUHEZEIT

FÜR 4 PORTIONEN

Für die Marinade
50 g Korianderwurzel (alternativ Korianderstängel)
50 g Knoblauch
50 g geschrotete Koriandersamen
10 g frisch gemahlener weißer Pfeffer
100 g Palmzucker
75 ml Austernsauce
75 ml Sojasauce
10 g Suppenpulver (optional)

Für das gegrillte Isan-Huhn
1 ganzes Huhn (etwa 1000 g)
neutrales Pflanzenöl zum Grillen nach Bedarf

ZUBEREITUNG

MARINADE

Die Korianderwurzel und den Knoblauch fein mörsern. Diese Mischung mit den Koriandersamen, dem Pfeffer, dem Palmzucker, der Austernsauce, der Sojasauce und nach Wunsch dem Suppenpulver und 300 ml Wasser zu einer Marinade verrühren.

GEGRILLTES ISAN-HUHN

Das Huhn längs in zwei Hälften teilen und dabei die Innereien entfernen. Die Hälften in eine verschließbare Schale passender Größe legen und mit der Marinade übergießen, sodass die Hälften komplett damit bedeckt sind. Abgedeckt über Nacht im Kühlschrank durchziehen lassen. Anschließend die Marinade gut abtropfen lassen und die Hälften auf lange Bambusstäbe stecken. Die Bambusstäbe auf den Grillrost legen. Die Hühnerhälften je nach Größe 45 bis 60 Minuten grillen und dabei gelegentlich mit etwas Öl einpinseln.

ANRICHTEN

Die Hühnerhälften portionieren und auf den Tellern anrichten.

โรงน้ำแข็ง
กรเดช

Zurück am Ausgangspunkt

Nach einer aufregenden Reise durch meine Heimat, auf der ich selbst viel Neues erfahren habe, bin ich wieder zurück in Bangkok. Meine Schulfreundin, Miteigentümerin eines Restaurants und Unternehmerin Tukta (ตุ๊กตา) Sukhawan Sutthiwong, gibt noch ein Abschiedsessen für mich und einige Freunde. Die Isan-Hühnersuppe war so gut und raffiniert gewürzt, dass ich dieses Rezept unbedingt noch teilen möchte.

Dieses Mahl beschließt meine Reise. Ab Seite 118 möchte ich meine populärsten Rezepte aus fünfzehn Jahren Kochkursen mit Ihnen teilen.

Isan-Hühnersuppe

Aom Gai, อ่อมไก่

ETWA 20 MINUTEN

FÜR 4 PORTIONEN

Für die Hühnersuppe
½ Huhn (etwa 500 g)
150 g Kürbis
100 g Pilze (nach Wahl)
100 g chinesisches Senfgemüse
2 Frühlingszwiebeln
2 Stängel Zitronenbasilikum
½ Bund Dill
6 Schalotten
7 Chilischoten (verschiedene Sorten gemischt)
3 Stängel Zitronengras
2 EL Pla-Raa-Fischsauce
1 EL Fischsauce

ZUBEREITUNG

HÜHNERSUPPE

Das Huhn mit den Knochen in Stücke schneiden bzw. hacken. Den Kürbis schälen, entkernen und in mundgerechte Stücke schneiden. Die Pilze putzen und grob zerkleinern. Das Senfgemüse putzen und in Stücke schneiden. Die Frühlingszwiebeln putzen und in feine Röllchen schneiden. Den Zitronenbasilikum und den Dill waschen und gut trockenschütteln. Die Blätter vom Zitronenbasilikum und die Dillspitzen abzupfen, die Stängel entsorgen. Die Schalotten abziehen und grob schneiden. Die Chilischoten putzen und nach Wunsch entkernen. Das Zitronengras putzen und in dünne Scheiben schneiden. Die Schalotten, die Chilischoten und das Zitronengras in einem Mörser fein stampfen. 375 ml Wasser in einem Topf zum Kochen bringen und die gestampfte Chili-Mischung unterrühren. Die Hühnerstücke zugeben und alles zusammen 7 Minuten bei mittlerer Temperatur köcheln lassen. Mit 375 ml Wasser auffüllen, die beiden Fischsaucen unterrühren und die Kürbiswürfel zugeben. Weitere 5 Minuten köcheln lassen. Anschließend die Pilze sowie das Senfgemüse zugeben und einmal aufkochen lassen. Vor dem Servieren die Frühlingszwiebeln, den Dill und das Zitronenbasilikum untermischen.

ANRICHTEN

Die Suppe auf tiefe Suppenschalen verteilen und servieren.

CCH
24

Suppen

Suppen werden nicht nur als Bestandteil einer mehrgängigen Speisenfolge wie im Westen gegessen, sie bilden bei uns schon mal eine Hauptmahlzeit. Wir lieben Suppen. Sofern es keine Nudelsuppen sind, werden sie gemeinsam mit Reis gegessen. Suppen sind fixer Bestandteil der meisten Mahlzeiten. Populäre Suppen sind die Gaeng Jued, Brühe mit verschiedensten Einlagen, und die Tom, eine scharf-saure Suppe. Diverse Varianten von Nudelsuppen, als Hauptmahlzeit in größeren Schalen serviert, sind sehr populär. Hierzu werden Essstäbchen zusätzlich zum Löffel gereicht, um die langen glitschigen Nudeln besser zum Mund zu befördern.

Klare Suppe mit gefüllten Calamari

Gaeng Jeud Pla Muek jad sai, แกงจืดปลาหมึกยัดไส้

ETWA 30 MINUTEN

FÜR 4 PORTIONEN

Für die gefüllten Calamari
1 getrockneter Shiitake-Pilz
1 Zehe Knoblauch
1 Korianderwurzel (alternativ Korianderstängel)
½ Frühlingszwiebel
8 kleine, küchenfertige Calamari
200 g Hackfleisch (von gut durchwachsenem Schweinefleisch)
50 g vorgegarte Glasnudeln
2 EL Fischsauce
1 EL Sojasauce
1 TL Sesamöl
1 TL Palmzucker
Salz
frisch gemahlener schwarzer Pfeffer

Für die Suppe
2 getrocknete Shiitake-Pilze
½ Kohlrabi
1–2 Karotten
800 ml Hühnerbrühe
2 EL Fischsauce
Salz
80 g Thai-Sellerie (alternativ Staudensellerie)

Zum Anrichten
einige Blätter frischer Koriander
2 TL gerösteter Knoblauch
Nam Prik Pao (geröstete Chilipaste)
2 EL feine Frühlingszwiebelröllchen
Chiliflocken nach Geschmack
frischer Koriander

ZUBEREITUNG

GEFÜLLTE CALAMARI

Den Shiitake-Pilz für gut 15 Minuten in lauwarmes Wasser einlegen, in ein Sieb gießen und klein schneiden. Den Knoblauch abziehen und zusammen mit der Korianderwurzel fein hacken. Die Frühlingszwiebel in feine Röllchen schneiden. Die Calamari waschen, dann die Tentakel abschneiden und die Tuben beiseitelegen. Die Tentakel fein schneiden und zusammen mit dem Knoblauch, der Korianderwurzel und der Frühlingszwiebel zum Hackfleisch geben. Die Glasnudeln, die Fischsauce, die Sojasauce, das Sesamöl und den Palmzucker zugeben und alles gut vermischen. Mit Salz und Pfeffer abschmecken. Die Calamarituben mit der Mischung füllen und das offene Ende mit einem Zahnstocher gut verschließen.

SUPPE

Die Shiitake-Pilze für gut 15 Minuten in lauwarmes Wasser einlegen. Dann die Stiele entfernen und den Rest vierteln.
Den Kohlrabi in Würfel (2 x 2 cm) und die Karotte in Scheiben schneiden. Die Hühnerbrühe aufkochen und die Karotten, den Kohlrabi sowie die Shiitake-Pilze zugeben und 10 Minuten auf kleiner Hitze kochen. Mit der Fischsauce und Salz abschmecken. Die gefüllten Calamari in die Suppe geben und etwa 5 Minuten köcheln lassen. Dann die Calamari mit einem Schaumlöffel aus der Suppe heben, die Zahnstocher entfernen, in je zwei bis drei Scheiben schneiden und wieder in die Suppe geben. Den Thai-Sellerie in Streifen schneiden und kurz vor dem Servieren unter die Suppe mischen.

ANRICHTEN

Die Suppe in Schalen füllen und mit den Korianderblättern und etwas geröstetem Knoblauch garnieren. Das Nam Prik Pao in einem separaten Schälchen dazu servieren.

TIPP

Zur Hackfleischfüllung können auch grob gehackte rohe Garnelenschwänze beigefügt werden.

Reisnudelsuppe mit Hackfleischbällchen

Gwetiau Moo – Tom Yam, ก๋วยเตี๋ยวหมู ต้มยำ

ETWA 2,5 STUNDEN

FÜR 4 PORTIONEN

Für die Schweineknochenbrühe
500 g Schweineknochen oder Spareribs
1 Zwiebel
5 Zehen Knoblauch
5 weiße Pfefferkörner
2 Korianderwurzeln (alternativ Korianderstängel)
½ Maiskolben
5 cm Daikon-Rettich (alternativ weißer Rettich)
1 EL Kandiszucker
½ EL Salz

Für die Fleischbällchen
250 g Hackfleisch von gut durchwachsenem Schweinefleisch
2 TL Sojasauce
2 TL Fischsauce
½ TL weiße Pfefferkörner
½ TL Zucker
½ TL Knoblauchpulver
½ TL Backpulver
1 EL Maisstärke
50 ml gesalzenes Eiswasser

Für die weiteren Suppeneinlagen
160 g Reis-Vermicelli
100 g frischer Chinesischer Wasserspinat »Morning Glory« (alternativ Senfkohlblätter oder Chinesischer Brokkoli)
2 EL Grieben

Zum Anrichten
Hackfleischnocken (siehe Seite 128)
100 g Mungbohnensprossen
4 EL zerstoßene geröstete Erdnüsse
2 EL knusprig geröstete Schalotten
2 EL knusprig gerösteter Knoblauch
2 EL feine Frühlingszwiebelröllchen
Chiliflocken nach Geschmack
frischer Koriander

ZUBEREITUNG

SCHWEINEKNOCHENBRÜHE

Die Schweineknochen kurz in heißem Wasser blanchieren, anschließend durch ein Sieb gießen und abspülen. Dann die Knochen mit etwa 3 l Wasser in einem Topf zum Kochen bringen und 2 Stunden köcheln lassen. Dabei nach oben steigenden Schaum mit einer Schaumkelle abschöpfen.
Die Zwiebel abziehen, grob zerkleinern und in einer Pfanne goldbraun rösten. Dann zusammen mit dem abgezogenen Knoblauch, den Pfefferkörnern, den Korianderwurzeln, dem Mais und dem Rettich zur Suppe geben und 30 Minuten weiterköcheln lassen. Anschließend Zucker und Salz abschmecken und die Suppe abseihen. Die Suppe dann auf etwa 2 l einkochen.

FLEISCHBÄLLCHEN

Alle Zutaten zusammen in einem Standmixer zu einer feinen Farce pürieren und etwa 30 Minuten kalt stellen. Anschließend kleine Klößchen formen und in heißem Salzwasser langsam gar ziehen lassen. Die Klößchen mit einem Schaumlöffel aus dem Wasser heben und in kaltem, gesalzenem Wasser bis zur Weiterverwendung beiseitestellen.

WEITERE SUPPENEINLAGEN

Die Reis-Vermicelli entsprechend der Angabe auf der Verpackung vorbereiten und abseihen.
Den Wasserspinat und die Grieben kurz vor dem Servieren für 30 Sekunden in der Suppe kochen.

ANRICHTEN

Die verschiedenen Suppeneinlagen gleichmäßig auf vier Suppenschalen verteilen. Die Mungbohnensprossen darauf verteilen und die Suppe darüberschöpfen. Mit den Erdnüssen, den Schalotten, dem Knoblauch, den Frühlingszwiebeln, optional etwas Chiliflocken und dem Koriander garnieren. Nach Belieben noch zusätzlich Chiliflocken und Chiliessig separat dazu servieren.

TIPP
Für geröstete Schalotten die Schalotten in feine Streifen schneiden, in heißem Öl goldbraun frittieren und auf Küchenpapier gut abtropfen lassen. Für den gerösteten Knoblauch die Knoblauchzehen in dünne Scheiben schneiden und wie bei den Schalotten fortfahren.

Reisnudelsuppe Sukhothai Style

Gwetiau Nam Sukhothai, ก๋วยเตี๋ยวน้ำสุโขทัย

ETWA 30 MINUTEN (PLUS ETWA 2,5 STUNDEN FÜR DIE KNOCHENBRÜHE)

FÜR 4 PORTIONEN

Für die Reisnudelsuppe

1 l Schweineknochenbrühe (siehe Seite 126)
½ Zehe süßsaurer eingelegter Knoblauch
2 EL Marinade von süßsaurer eingelegtem Knoblauch
12 Fleischbällchen (siehe Seite 126)
120 g Hackfleisch vom Schwein
1 EL Sojasauce
Salz
frisch gemahlener schwarzer Pfeffer
160 g Reisnudeln
100 g frische Schlangenbohnen
200 g Schweineleber

Zum Anrichten

100 g Mungbohnensprossen
4 EL zerstoßene geröstete Erdnüsse
2 EL knusprig gerösteter Knoblauch
50 g knusprig frittierte Schweineschwartenstreifen
Chiliflocken nach Geschmack
frischer Koriander
gebackene Wan-Tan-Teigblätter
Nam Prik Pao (optional)
Chiliessig (optional)

ZUBEREITUNG

REISNUDELSUPPE

Den Knoblauch und die Knoblauchmarinade in die Schweineknochenbrühe geben und einige Minuten leicht köcheln lassen.
Für die Hackfleischnocken das Schweinehackfleisch mit Sojasauce, Salz und Pfeffer würzen, mithilfe von zwei Teelöffeln kleine Nocken formen und diese in heißem Salzwasser garen. Die Reisnudeln nach Packungsanleitung in kochendem Salzwasser garen und abseihen. Die Schlangenbohnen putzen, schräg in 5 cm lange Stücke schneiden und kurz vor dem Servieren 30 Sekunden in der Suppe kochen. Die Schweineleber in dünne Scheiben schneiden und separat kurz in etwas Brühe garen.

ANRICHTEN

Die Reisnudeln, die Fleischbällchen, die Hackfleischnocken, die Leber, die Schlangenbohnen und die Mungbohnensprossen auf vier Suppenschalen verteilen und die Suppe darüberschöpfen. Zuletzt die Erdnüsse, den gerösteten Knoblauch, die Schweineschwarten und nach Belieben Chiliflocken darübergeben und mit einem Stängel frischem Koriander garnieren. Die Wan-Tan-Teigblätter dazu reichen. Nach Belieben Nam Prik Pao und Chiliessig separat dazu servieren.

Scharf-saure Garnelensuppe

Tom Yum Goong, ต้มยำกุ้ง

ETWA 30 MINUTEN

FÜR 4 PORTIONEN

Für die scharf-saure Garnelensuppe
12 ganze, große Garnelen (z. B. Black-Tiger-Garnelen)
2 EL neutrales Pflanzenöl
1 l Geflügelbrühe
2 Stängel Zitronengras
5 cm Galgant
1 Zwiebel
8 Blätter Kaffir-Limette
150 g geputzte Pilze (z. B. Austern-, Strohpilze, Pfifferlinge)
1 EL Nam Prik Pao (geröstete Chilipaste)
2 EL Fischsauce
1–2 geröstete Chilischoten (optional, siehe Tipp)
12 Kirschtomaten (alternativ 1 große Tomate)
1 TL Tamarindenpaste
2 EL Limettensaft

Zum Anrichten
Korianderblätter
gedämpfter Jasminreis

ZUBEREITUNG

SCHARF-SAURE GARNELENSUPPE

Bei acht Garnelen den Schwanz vom Körper trennen. Alle Schwänze bis auf das Ende schälen. Nur das letzte Glied der Schale belassen. Die Schwänze am Rücken aufschneiden und gegebenenfalls den Darm entfernen. Die geputzten Garnelen beiseitestellen. Die Garnelenschalen mit dem Öl einreiben, auf einem Backblech verteilen und im auf 200 °C vorgeheizten Backofen (Ober-/Unterhitze) rösten, bis sie rot und knusprig sind. Anschließend etwas abkühlen lassen und im Mörser grob zerreiben. Die Garnelenschalen etwa 15 Minuten in der Hühnerbrühe leicht köcheln lassen und dann abseihen. Das Zitronengras schräg in 2–3 cm lange Stücke schneiden, den Galgant in dünne Scheiben schneiden. Die Zwiebel abziehen und in Streifen schneiden. Das Zitronengras, den Galgant, die Zwiebel zusammen mit den Kaffir-Limettenblättern in die Suppe geben und 3–4 Minuten leicht köcheln lassen. Anschließend die Garnelenschwänze, die vier ganzen Garnelen und die mundgerecht zerkleinerten Pilze in die Suppe geben und weitere 3 Minuten köcheln lassen.
Dann mit der Nam Prik Pao, der Fischsauce und nach Belieben mit den gerösteten Chilischoten würzen. Vor dem Servieren die Tomaten zugeben und mit Tamarindenpaste und Limettensaft ausgewogen salzig-sauer-scharf abschmecken.

ANRICHTEN

Die Suppe so auf die Suppenschalen verteilen, dass oben auf jeder Suppe jeweils eine ganze Garnele liegt. Mit Korianderblättern garnieren und gegebenenfalls etwas Öl der gerösteten Chilischoten darüberträufeln. Den Jasminreis separat dazu servieren.

TIPP

Für geröstete Chilischoten 1 EL neutrales Pflanzenöl in einer Pfanne erhitzen und getrocknete Chilischoten darin kurz rösten. Sowohl die Chilischoten als auch das Öl können zum Würzen eingesetzt werden.

Hühnersuppe mit Kokos

Tom Kha Gai, ต้มข่าไก่

ETWA 15 MINUTEN

FÜR 4 PORTIONEN

Für die Hühnersuppe mit Kokos
2 Stängel Zitronengras
5 cm Galgant
1 Zwiebel
150 g geputzte Pilze (z. B. Austern-, Strohpilze, Pfifferlinge)
400 ml Geflügelbrühe
8 Kaffir-Limettenblätter
400 g Geflügelfleisch (ohne Haut und Knochen)
600 ml Kokosmilch
1 EL Nam Prik Pao (geröstete Chilipaste)
2 EL Fischsauce
1–2 geröstete, getrocknete Chilischoten (optional, siehe Tipp Seite 130)
12 Kirschtomaten oder 1 große Tomate
1 Handvoll frische Korianderblätter
1 TL Tamarindenpaste
2 EL Limettensaft

Zum Anrichten
frischer Koriander
gedämpfter Jasminreis

ZUBEREITUNG

HÜHNERSUPPE MIT KOKOS

Das Zitronengras schräg in 2–3 cm lange Stücke schneiden, den Galgant in dünne Scheiben schneiden. Die Zwiebel abziehen und in Streifen schneiden. Die Pilze nach Belieben zerkleinern.
Die Geflügelbrühe erhitzen, das Zitronengras, den Galgant, die Zwiebel und die Kaffir-Limettenblätter zugeben und 3–4 Minuten leicht köcheln lassen. Das Fleisch klein schneiden, zusammen mit den Pilzen in die Suppe geben und 2–3 Minuten weiterkochen. Dann mit Nam Prik Pao, der Fischsauce und nach Belieben mit den gerösteten Chilischoten würzen und die Kokosmilch angießen. Die Suppe anschließend einige Minuten einkochen lassen. Vor dem Servieren die Tomaten zugeben und mit Tamarindenpaste und Limettensaft ausgewogen salzig-sauer-scharf abschmecken.

ANRICHTEN

Die Suppe gleichmäßig auf die Suppenschalen verteilen, mit Koriander garnieren und gegebenenfalls etwas Öl der gerösteten Chilischoten darüberträufeln. Den Jasminreis separat dazu servieren.

TIPP

Sollte der verwendete Koriander mit Wurzeln sein, dann diese zusammen mit dem Zitronengras in die Suppe geben.

Snacks

Snacks und Vorspeisen werden nicht nur zu Beginn einer Mahlzeit serviert, wir Thais »snacken« uns durch den ganzen Tag bis spät in den Abend hinein. In kleinen Portionen, teils mit Dip-Saucen gereicht, ist die Palette an Snacks sehr vielfältig.

Getrocknetes Schweinefleisch

Moo Dad Diew, หมูแดดเดียว

ETWA 2,5 STUNDEN PLUS 3 STUNDEN RUHEZEIT

FÜR 1 KG FLEISCH

Für das getrocknete Schweinefleisch
1 kg Schweinenacken ohne Knochen
1 EL Koriandersamen
5 Zehen Knoblauch
2 Korianderwurzeln (alternativ Korianderstängel)
2 TL schwarze Pfefferkörner
2 EL Fischsauce
4 EL Austernsauce
1 EL schwarze Sojasauce
4 EL Palmzucker
2 EL Sesamöl
neutrales Pflanzenöl zum Frittieren

Zum Anrichten
scharfe Chilisauce

ZUBEREITUNG

GETROCKNETES SCHWEINEFLEISCH

Den Schweinenacken in 2 cm breite Scheiben schneiden, diese dann schräg in 1 cm breite Streifen schneiden und in eine Schüssel geben. Die Koriandersamen in einer beschichteten Pfanne ohne Fettzugabe rösten, bis sich die Aromen entfalten. Den Knoblauch abziehen, die Korianderwurzel putzen und beides in feine Scheiben schneiden. Anschließend die Koriandersamen, den Knoblauch, die Korianderwurzel und die Pfefferkörner in einem Mörser zerstoßen. Die Gewürzmischung in einer Schale mit der Fischsauce, der Austernsauce, der Sojasauce, dem Palmzucker und dem Sesamöl verrühren, bis sich der Palmzucker vollständig aufgelöst hat. Die Marinade über die Fleischstreifen gießen und gut einkneten. Die Fleischstreifen abgedeckt und gekühlt etwa 3 Stunden marinieren. Anschließend lose so auf einem Backblech verteilen, dass sie sich nicht berühren, und im auf 60 °C vorgeheizten Backofen (Umluft) etwa 2 Stunden trocknen. Anschließend die Fleischstreifen im heißen Fett knusprig frittieren und auf Küchenpapier abtropfen lassen.

ANRICHTEN

Das getrocknete Schweinefleisch in kleinen Schalen anrichten und die Chilisauce in einer separaten Schale dazu servieren.

Minced Meat Satays

Moo Sab Ping, Tod, หมูสับ ปิ้ง, ทอด

ETWA 70 MINUTEN

FÜR 12 SATAY-SPIESSE

Für die Chili-Dip-Sauce
5–6 Zehen Knoblauch
300 g milde rote Chilischoten
50 g scharfe, kleine Chilischoten
150 ml weißer Essig
4 EL Zucker
2 TL Salz

Für die Minced Meat Satays
1–2 Zehen Knoblauch
1 getrocknete Chilischote
1 TL fein geschnittener Galgant
1 TL fein geschnittener Ingwer
½ TL Koriandersamen
200 g küchenfertige, rohe Garnelenschwänze ohne Schale
200 g Hackfleisch von gut durchwachsenem Schweinefleisch
1 TL Palmzucker
1 TL schwarze Sojasauce
1 EL Fischsauce
40 ml Kokosmilch
1 TL Maisstärke
1 Frühlingszwiebel
2 Blätter Kaffir-Limette
Salz
frisch gemahlener schwarzer Pfeffer
12 Spieße oder Zitronengrasstäbe
Panko (optional, asiatisches Paniermehl)
neutrales Pflanzenöl zum Frittieren (optional)

Zum Anrichten
2 Spalten unbehandelte Limette
Schalottenstreifen

ZUBEREITUNG

CHILI-DIP-SAUCE

Den Knoblauch abziehen, zusammen mit den Chilischoten klein schneiden und in einen Standmixer füllen. Die restlichen Zutaten und 150 ml Wasser zugeben und fein pürieren. Anschließend die Sauce etwa 30 Minuten langsam um die Hälfte einkochen. Nach Wunsch kann die Sauce dann durch ein Sieb gestrichen werden. Vor der Weiterverwendung auskühlen lassen.

MINCED MEAT SATAYS

Den Knoblauch abziehen und zusammen mit der Chilischote fein schneiden. Den Knoblauch, die Chilischote, den Galgant, den Ingwer und die Koriandersamen in einer beschichteten Pfanne ohne Fettzugabe rösten, bis sich die Aromen entfalten. Anschließend in einen großen Mörser umfüllen und zu einer Paste zerstoßen. Die Garnelen in kleine Stücke schneiden und zusammen mit dem Hackfleisch, dem Palmzucker, der Sojasauce, der Fischsauce, der Kokosmilch und der Maisstärke in den Mörser zu den Gewürzen geben und stampfen, bis ein homogener Fleischteig entstanden ist. Die Frühlingszwiebel und die Kaffir-Limettenblätter fein schneiden und untermischen. Anschließend mit Salz und Pfeffer abschmecken. Aus dem Fleischteig zwölf gleich große, ovale Bällchen formen und jeweils einen Spieß oder einen Zitronengrasstab durchstecken. Die Satays dann entweder grillen oder in Panko gewendet frittieren.

ANRICHTEN

Die Satays anrichten und mit den Limettenspalten und den Schalottenstreifen garnieren. Die Dip-Sauce in einer separaten Schale dazu servieren.

Frische, gefüllte Thai-Pfefferblätter

Miang Kham, เมี่ยงคำ

ETWA 30 MINUTEN PLUS 60 MINUTEN AUSKÜHLZEIT

FÜR 4 PORTIONEN

Für die Dip-Sauce
1 EL getrocknete Garnelen
2 EL fein geschnittener Galgant
2 EL fein geschnittener Ingwer
1 EL fein geschnittene Schalotte
1 EL fein geschnittenes Zitronengras
2 EL neutrales Pflanzenöl
1 TL Garnelenpaste
120 g Palmzucker
1 TL Tamarindenpaste
1–2 EL Fischsauce
2 EL Kokosraspel
2 EL Erdnusskerne

Für die frischen, gefüllten Thai-Pfefferblätter
2 EL getrocknete Garnelen
24 Cha-Phlu-Blätter (Thai-Pfefferblätter)
1 unbehandelte Limette
2 EL Kokosraspel
2 Schalotten
etwa 5 cm Ingwer
2–3 kleine rote Chilischoten
2 EL Erdnusskerne

Zum Anrichten
Cha-Plu-Blätter
Dekoration nach Wahl

ZUBEREITUNG

DIP-SAUCE

Die Garnelen in einem Standmixer fein zerkleinern. Den Galgant, den Ingwer, die Schalotte und das Zitronengras zugeben und nochmals kurz durchmixen. Das Öl in einer Pfanne erhitzen und die Mischung goldbraun rösten. Dann die Garnelenpaste zugeben und mitrösten. Anschließend den Palmzucker und 100 ml Wasser unterrühren und mit der Tamarindenpaste und der Fischsauce würzen. Die Kokosraspel und die Erdnüsse in einer beschichteten Pfanne ohne Fettzugabe rösten und in einem Mixer zerkleinern und ebenfalls unterrühren. Die Sauce dann um etwa die Hälfte reduzieren. Vor der Weiterverwendung die dickflüssige Sauce gut auskühlen lassen.

FRISCHE, GEFÜLLTE THAI-PFEFFERBLÄTTER

Die Garnelen 15 Minuten in Wasser einlegen, abgießen und auf Küchenpapier abtrocknen lassen. Die Stiele der Cha-Phlu-Blätter abschneiden, die Blätter waschen und trockentupfen.
Die Limette waschen und in kleine Stücke schneiden. Die Kokosraspel auf einem Backblech ausbreiten und im auf 170 °C vorgeheizten Backofen (Ober-/Unterhitze) etwa 4 Minuten goldbraun rösten. Die Schalotten abziehen, die Ingwerschale abschaben und beides in feine Würfel schneiden. Die Chilischoten in feine Scheiben schneiden. Die Erdnusskerne in einer beschichteten Pfanne ohne Fettzugabe rösten.

ANRICHTEN

Sieben Cha-Plu-Blätter auf einer Platte auslegen und jeweils eine Zutat darauf anrichten. Die Dip-Sauce in einer separaten Schale dazustellen. Die Platte mit weiteren Blättern und Dekoration nach Wahl (z. B. geschnitzte Blüte) garnieren. Weitere Cha-Plu-Blätter separat dazu servieren.

TIPP

Korrekt gegessen wird Miang Kham, indem ein separat serviertes Blatt wie zu einer kleinen Tüte zusammengerollt und mit einer kleinen Menge verschiedener Zutaten gefüllt wird. Mit einem kleinen Klecks Dip-Sauce darauf wird diese dann mit einem Bissen gegessen.

Shrimp Fritters

Goong Phoi Tod, กุ้งฝอยทอด

ETWA 15 MINUTEN

FÜR 4 PORTIONEN

Für die Chili-Dip-Sauce mit Erdnüssen

2 EL Erdnusskerne
100 ml Chili-Dip-Sauce (siehe Seite 138)

Für die Shrimp Fritters

200 g Minisüßwassergarnelen
3 Blätter Kaffir-Limette
½ EL rote Currypaste (siehe Seite 224)
½ TL Salz
½ EL Palmzucker
140 ml kaltes Wasser oder kaltes Sodawasser
60 g Tempura-Mehlmischung
neutrales Pflanzenöl zum Frittieren

Zum Anrichten

süßsauer marinierte Gurken (siehe Seite 66)

ZUBEREITUNG

CHILI-DIP-SAUCE MIT ERDNÜSSEN

Die Erdnusskerne grob hacken und in einer beschichteten Pfanne ohne Fettzugabe rösten. Die Chili-Dip-Sauce mit 100 ml Wasser verrühren, in eine Schale abfüllen und die Erdnüsse darüberstreuen.

SHRIMP FRITTERS

Die aufgetauten Garnelen gut abtropfen lassen. Die Limettenblätter fein schneiden. Die Currypaste, das Salz und den Zucker im Wasser verrühren. Dann die Tempura-Mehlmischung einrühren und die Garnelen und die Limettenblätter untermischen. Das Öl erhitzen, portionsweise kleine Schöpfer der relativ flüssigen Masse hineingeben und zu kleinen Plätzchen frittieren. Die Plätzchen herausheben und auf Küchenpapier abtropfen lassen.

ANRICHTEN

Die Shrimp Fritters anrichten und die Gurken sowie die Dip-Sauce in separaten Schalen dazu servieren.

Salate

Sauer-salzig mit einer leicht süßen Note ist die typische Thai-Salatmarinade. Es sind in der Regel Fischsauce, Limettensaft und etwas Palmzucker, welche das Gerüst unserer Würze bilden. Dazu kommt noch Chili, eventuell Knoblauch, viele frische Kräuter und auch Fleisch und Meeresfrüchte, oftmals vereint in einem Gericht. Unsere Salate schmecken am besten frisch zubereitet und gleich verzehrt, die eine oder andere Komponente oft noch warm vom vorangegangenen Grillen oder Kochen. Dazu servieren wir gewöhnlich duftend gedämpften Reis.

Salat von gebratener Ente

Nam tok Phed Yang, น้ำตกเป็ดย่าง

ETWA 30 MINUTEN

FÜR 4 PORTIONEN

Für den Salat von gebratener Ente
2–3 Schalotten
1–2 Stängel Minze
5–6 Blätter Pak Che Farang (langer Koriander)
1 Stängel süßes Thai-Basilikum (Bai Horapa)
2 Frühlingszwiebeln
Chiliflocken
4 EL Fischsauce
4 EL Limettensaft
1 TL Palmzucker
1 frische, knusprig gebratene Ente
2 EL gerösteter, gemahlener Reis

Zum Anrichten
Schlangenbohnen
Gurkenscheiben
Weiß- oder Rotkraut
einige geröstete Chilischoten
Scheiben einer unbehandelten Limette
süßes Thai-Basilikum (Bai Horapa)
Klebreis

ZUBEREITUNG

SALAT VON GEBRATENER ENTE

Die Schalotte abziehen und in feine Streifen schneiden. Die Blätter der Minze abzupfen, die Stängel verwerfen. Die Korianderblätter quer in Streifen schneiden. Die Basilikumblätter abzupfen. Die Frühlingszwiebel in feine Röllchen schneiden. Die Fischsauce, den Limettensaft und den Palmzucker zu einer Marinade vermischen. Das noch warme Fleisch der Ente von den Knochen lösen und in mundgerechte Stücke schneiden. Alle Zutaten zu einem Salat vermischen und mit der Marinade würzen.

ANRICHTEN

Den Salat mittig auf die Teller geben und die Garnitur darum anrichten. Mit Bai Horapa garnieren. Den Klebreis separat dazu servieren.

Glasnudelsalat mit Meeresfrüchten

Yam Woon Sen Talay, ยำวุ้นเส้นทะเล

ETWA 30 MINUTEN

FÜR 3–4 PORTIONEN

Für den Glasnudelsalat mit Meeresfrüchten

1 Packung Woon Sen (thailändische Glasnudeln, 100 g)
2–3 Mu-Err-Pilze
500 g gemischte Muscheln (Mies- und Venusmuscheln)
300 g Calamari
200 ml Gemüsebrühe
½ Gurke
100 g Thai-Sellerie (alternativ Staudensellerie)
1 rote Zwiebel
12 Kirschtomaten
1 Frühlingszwiebel
½ süßsauer eingelegter Knoblauch
50 g Erdnusskerne
1–2 rote Chilischoten (alternativ 1 EL Sriracha-Sauce)
5 EL Fischsauce
5 EL Limettensaft
½ EL Palmzucker
3 EL Marinade von süßsauer eingelegtem Knoblauch
1 TL fein geschnittener Ingwer
100 g kleine Süßwassergarnelen (TK)
100 ml neutrales Pflanzenöl zum Frittieren

Zum Anrichten

essbare Blüten
Schnittknoblauch

ZUBEREITUNG

GLASNUDELSALAT MIT MEERESFRÜCHTEN

Die Woon-Sen-Nudeln zum Quellen für 10 Minuten in lauwarmes Wasser legen. Dann 3 Minuten in kochendem Salzwasser garen. Anschließend abseihen, in eine große Schüssel geben und mit einer Schere etwas zerschneiden. Mit den Mu-Err-Pilzen ebenso verfahren und dann zu den Glasnudeln geben.
Die Muscheln in kaltem Wasser gründlich waschen, die Bartfasern entfernen und bereits geöffnete Muscheln, die sich auch nach leichtem Klopfen nicht schließen, aussortieren und verwerfen. Die Calamari putzen, die Tuben mit einem Messer aufschneiden, die Innenseite kreuzweise einritzen und dann in Stücke schneiden. Die Calamari und die Muscheln gemeinsam in der kochenden Gemüsebrühe 2–3 Minuten garen, mit einem Schaumlöffel herausheben und sofort zu den Glasnudeln geben. Die Gurke längs halbieren und zusammen mit dem Thai-Sellerie in feine Scheiben schneiden. Die Zwiebel abziehen und in feine Streifen schneiden. Die Tomaten halbieren. Die Frühlingszwiebel in feine Röllchen schneiden. Den Knoblauch fein hacken. Die Erdnusskerne in einer beschichteten Pfanne ohne Fettzugabe rösten. Dann mit den restlichen geschnittenen Zutaten zu den Glasnudeln geben.
Die Chilischoten fein scheiden oder mörsern, mit der Fischsauce, dem Limettensaft, dem Palmzucker, der Knoblauchmarinade sowie dem Ingwer zu einer Marinade verrühren und den Salat damit marinieren.
Die aufgetauten und gut abgetropften Garnelen im heißen Öl knusprig frittieren und zum Abtropfen auf Küchenpapier legen.

ANRICHTEN

Den noch lauwarmen Salat anrichten und die frittierten Shrimps darüberstreuen. Mit den Blüten und dem Schnittknoblauch garnieren.

WICHTIG

Muscheln, die nach dem Garvorgang nicht geöffnet sind, ebenfalls aussortieren und verwerfen.

Salat von gebratenem Schweinebauch

Yam Moo Krob, ยำหมูกรอบ

ETWA 10 MINUTEN (PLUS VORBEREITUNGSZEIT FÜR DEN SCHWEINEBAUCH)

FÜR 4 PORTIONEN

Für den Salat von gebratenem Schweinebauch

400 g knusprig gebratener Schweinebauch (siehe Seite 227))
½ Salatgurke
4 Stängel Thai-Sellerie (alternativ 1 Stange Staudensellerie)
1 rote Zwiebel
20 Kirschtomaten
1 Frühlingszwiebel
½ Stängel Zitronengras
3 dünne Scheiben Ingwer
1–2 Zehen Knoblauch
etwa 1 kleine rote Chilischote
6 EL Limettensaft
6 EL Thai-Fischsauce
½ EL Palmzucker

Zum Anrichten

60 g geröstete Cashewkerne
einige Blätter frischer Koriander
Reispapiercracker

ZUBEREITUNG

SALAT VON GEBRATENEM SCHWEINEBAUCH

Das Moo Krob in mundgerechte Stücke schneiden. Die Salatgurke längs halbieren und zusammen mit dem Thai-Sellerie in dünne Scheiben schneiden. Die Sellerieblätter etwas hacken. Die Zwiebel abziehen und in Streifen schneiden. Die Tomaten halbieren. Die Frühlingszwiebel in feine Röllchen schneiden. Das Zitronengras in sehr feine Scheiben, den Ingwer in feine Streifen schneiden. Den Knoblauch abziehen und fein hacken. Die Chilischote in einem Mörser fein zerreiben. Den Limettensaft, die Fischsauce und den Palmzucker in eine große Schüssel geben und vermischen. Das Zitronengras, den Ingwer, den Knoblauch und die Chilischote in die Marinade geben und gut untermischen. Dann das vorbereitete Gemüse und die Fleischstreifen zugeben und alles gut vermischen.

ANRICHTEN

Den Salat anrichten und die Cashewkerne darüberstreuen. Mit dem Koriander und den Reispapiercrackern garnieren.

TIPP

Für die Reispapiercracker Reispapier mit schwarzer Sesamsaat (Banh Trang Me) in die gewünschte Größe brechen und in heißem neutralem Pflanzenöl kurz frittieren, bis es aufpufft. Die Cracker mit einem Schaumlöffel aus dem Fett heben und auf Küchenpapier gut abtropfen lassen. Nach Belieben etwas salzen.

Pomelosalat

Yam Som O, ยำส้มโอ

ETWA 30 MINUTEN

FÜR 2–3 PORTIONEN

Für den Pomelosalat
3 EL Kokosflocken
3 EL Erdnusskerne
1 Pomelo
1 EL getrocknete Garnelen
3 Schalotten
2–3 Blätter Kaffir-Limette
½ Stängel Zitronengras
1 Stängel Minze
6–9 vorgegarte Garnelenschwänze
2 EL Fischsauce
1 EL Palmzucker (optional)
1–2 EL Limettensaft (optional)
½ EL Nam Prik Pao
1 kleine rote Chilischote
getrocknete Chiliflocken
neutrales Pflanzenöl zum Frittieren

Zum Anrichten
Minze
dekorativ geschnittene Schale von 1 unbehandelten Pomelo (optional)
dekorativ geschnittenes Bananenblatt (optional)

ZUBEREITUNG

POMELOSALAT

Die Kokosflocken und die Erdnusskerne separat in einer beschichteten Pfanne ohne Fettzugabe leicht anrösten. Die Pomelo schälen, das Fruchtfleisch zwischen den Trennwänden ausbrechen, in Stücke zerteilen und in eine große Schüssel geben. Die Garnelen und die Erdnusskerne grob hacken. Die Limettenblätter in sehr feine Streifen, das Zitronengras in sehr feine Röllchen schneiden. Die Blätter der Minze abzupfen und grob zerkleinern. Zwei Schalotten abziehen und in feine Streifen schneiden. Alle vorbereiteten Zutaten und die Garnelenschwänze zur Pomelo geben.
Die Fischsauce, je nach Süße der Pomelo den Limettensaft bzw. den Palmzucker und die Nam Prik Pao verrühren. Die Chilischote in sehr feine Röllchen schneiden und mit einigen Chiliflocken untermischen. Die Marinade über die Pomelo gießen und den Salat gut vermischen.
Die restliche Schalotte abziehen und in feine Streifen schneiden. Das Öl erhitzen, die Schalotte goldbraun frittieren und anschließend auf Küchenpapier abtropfen lassen.

ANRICHTEN

Den Salat anrichten und die frittierten Zwiebeln darüberstreuen. Mit der Minze und nach Wunsch der Pomeloschale und dem Bananenblatt garnieren.

Som Tam vom Kohlrabi

Kaow man, Som Tam Kohlrabi, Moo Sen Tod, ข้าวมัน ส้มตำโคราบี หมูเส้นทอด

ETWA 2 STUNDEN

FÜR 4 PORTIONEN

Für den Kokosreis
200 g Jasminreis
300 ml Kokosmilch
2 EL Kristallzucker
½ TL Salz

Für das Schweinefleisch
600 g Schweinenacken
Salz
1 EL schwarze Sojasauce
1 EL helle Sojasauce
1 EL Zucker
½ TL 5-Spice-Gewürzmischung
neutrales Pflanzenöl

Für das Som Tam
2 mittelgroße Kohlrabi
300 g frisches Gemüse (z. B. Karotten, vorgegarter Zuckermais, Rotkohl, Gurken, grüne Mango)
150 g Kirschtomaten
etwa ½ Chilischote
2 EL Palmzucker
5–6 EL Limettensaft
6–8 EL Fischsauce
etwas Chilipulver
3–4 EL Erdnusskerne
50 g getrocknete Shrimps (optional)

Zum Anrichten
dekorativ geschnittene Gurke

ZUBEREITUNG

SCHWEINEFLEISCH

Den Schweinenacken etwa 1 Stunde in Salzwasser kochen, dann herausheben, abtropfen und abkühlen lassen. Anschließend das Fleisch in schmale Fleischfasern zerteilen und diese in eine Schüssel geben. Die beiden Sojasaucen, den Zucker und die Gewürzmischung verrühren, das Fleisch damit marinieren und abgedeckt eine ½ Stunde ruhen lassen. Das Öl in einer Pfanne erhitzen und die Fleischteile bei mittlerer Hitze 7–8 Minuten unter Rühren knusprig braten. Dann auf etwas Küchenpapier abtropfen lassen.

KOKOSREIS

Den Jasminreis in der mit Salz und Zucker gewürzten Kokosmilch etwa 20 Minuten garen. Anschließend mit einem Reisspatel lockern und noch 15 Minuten ruhen lassen.

SOM TAM

Die Kohlrabi schälen und in lange dünne Streifen schneiden. Das gewählte restliche Gemüse putzen, gegebenenfalls schälen und ebenfalls in dünne Streifen schneiden. Die Tomaten halbieren.
Die Chilischote in einem großen Mörser gut einstampfen. Dann alles Gemüse und die Tomaten zugeben und kurz weiterstampfen, währenddessen die Zutaten gelegentlich mit einem Löffel wenden. Den Palmzucker, den Limettensaft und die Fischsauce zugeben und nochmals stampfen. Die Erdnusskerne in einer beschichteten Pfanne ohne Fettzugabe leicht rösten, zum Schluss unter den Salat mischen und sofort servieren.

ANRICHTEN

Den Salat anrichten und mit der Gurke garnieren.

TIPP

Beim Stampfen vorzugsweise mit dem Stößel an den Seitenwänden des Mörsers arbeiten, nicht direkt in die Mitte stampfen, da es sonst spritzen kann.

2208 35998

Contemporary Thai

Wie Köche überall auf der Welt sind auch Thai-Chefs Meister der Inszenierung: Traditionelle Thai-Gerichte werden neu interpretiert und in kreativen Kombinationen präsentiert, die jeden in Staunen versetzen. Teils werden sie durchsetzt mit Einflüssen aus anderen Küchen, teils aus alternativen regionalen Produkten zubereitet.

Ich wage den Vergleich mit der Royal Thai Cuisine ihrerzeit, als sie noch ausschließlich am Königshaus serviert wurde, und dem Contemporary Thai Food, wie es heutzutage in Thailands feinsten Restaurants auf den Tisch kommt.

Verkocht werden nur die qualitativ hochwertigsten Produkte für Gäste mit den »hochwertigsten Geldbörsen«.

Im Folgenden finden Sie drei meiner Lieblingsrezepte Marke Eigenkreation, ansprechend in Szene gesetzt.

Knusprig gebratenes Schweinefleisch an rotem Kürbiscurry

Moo Grob-Gaengped Faktong, หมูกรอบ แกงเผ็ดฟักทอง

ETWA 30 MINUTEN

FÜR 4 PORTIONEN

Für das rote Kürbiscurry
1 kleiner Hokkaidokürbis
200 ml rote Currysauce (siehe Seite 174)
½ rote Zwiebel
1 Stück Fingerwurz (Krachai)
4 Frühlingszwiebeln (etwa 10 cm lang)
1 TL neutrales Pflanzenöl
1 TL Palmzucker

Zum Anrichten
400 g warmes Moo Krob (siehe Seite 227)
1 TL Chiliöl
4 kleine Stängel süßes Thai-Basilikum (Bai Horapa)

ZUBEREITUNG

ROTES KÜRBISCURRY

Den Kürbis putzen und in zwölf Würfel von je 2 cm Kantenlänge schneiden. Die Würfel in der Currysauce etwa 5 Minuten garen. Die Zwiebel abziehen und in Spalten schneiden. Die Haut von der Fingerwurz abschaben oder schälen und dann in feine Streifen schneiden. Die Frühlingszwiebeln putzen. Das Öl in einer Pfanne erhitzen und die Zwiebeln, die Fingerwurz und die Frühlingszwiebeln anbraten. Dann den Palmzucker zugeben und karamellisieren lassen.

ANRICHTEN

Das rote Kürbiscurry auf den Tellern anrichten und das karamellisierte Gemüse daneben platzieren. Das noch warme Schweinefleisch in zwölf Stücke schneiden und je drei davon auf die Teller stellen. Mit einigen Tropfen Chiliöl und Thai-Basilikum garnieren.

Jakobsmuschel-Ceviche »Thai Style«

Hoi Shell Ceviche, หอยเชลล์ เซวิเช่ สไตล์ไทย

ETWA 30 MINUTEN

FÜR 4 PORTIONEN

Für die Jakobsmuschel-Ceviche »Thai Style«
16 mittelgroße Jakobsmuscheln
4 EL Limettensaft
½ kleine rote Zwiebel
1 grüne Snack-Paprikaschote
8 Kirschtomaten
1 Stängel Thai-Sellerie
½ Minigurke
8 EL Nam Prik Pao Talay
2 EL helle Sojasauce
4 EL Saft einer jungen Kokosnuss
1 EL frische Kokosflocken

Zum Anrichten
1 TL Masago-Kaviar
1 Blatt Kaffir-Limette

ZUBEREITUNG

Die Jakobsmuscheln je nach Dicke quer halbieren oder dritteln, sodass die Scheiben maximal 5–6 mm dick sind, und in eine Schüssel geben. Den Limettensaft darübergießen, vermischen und etwa 5 Minuten marinieren. Die Zwiebel abziehen, die Paprika-schote putzen und beides in feine Streifen schneiden. Die Tomaten halbieren. Den Thai-Sellerie in etwa 3 cm lange Stücke schneiden. Die Gurke längs halbieren und in feine Scheiben schneiden. Das vorbereitete Gemüse zu den Jakobsmuscheln geben. Die Nam Prik Pao Talay, die Sojasauce, den Kokossaft und die Kokosflocken zugeben, gut vermischen und weitere 5 Minuten marinieren.

ANRICHTEN

Den Salat auf die Teller verteilen und mit dem Masago-Kaviar und der in sehr feine Streifen geschnittenen Kaffir-Limette garnieren.

Salat von der grünen Papaya mit frischem Thunfisch

Somtam – Pla Tuna, ส้มตำกับปลาทูน่า

ETWA 30 MINUTEN

FÜR 4 PORTIONEN

Für den Salat von der grünen Papaya mit frischem Thunfisch
200 g Thunfisch (Sashimi-Qualität)
1 Stängel Zitronengras
1 TL Nam Prik Pao
1 EL neutrales Pflanzenöl

Zum Anrichten
400 g Som Tam (siehe Seite 162)
120 ml grüne Currysauce (siehe Seite 166)
1 TL Chiliöl
einige frittierte Blätter süßes Thai-Basilikum (Bai Horapa)
einige essbare Blüten von asiatischen Kräutern und Gemüse
einige geröstete Erdnusskerne

ZUBEREITUNG

SALAT VON DER GRÜNEN PAPAYA MIT FRISCHEM THUNFISCH

Den Thunfisch in vier Quader (4 x 4 x 2cm) schneiden. Das Zitronengras sehr fein hacken. Die Fischquader an den beiden schmalen Kantenseiten mit der Nam Prik Pao einstreichen und mit Zitronengras bestreuen. Das Öl in einer Pfanne erhitzen, die Fischquader an den vier Kantenseiten jeweils 10 Sekunden scharf anbraten und anschließend abgedeckt in den Kühlschrank geben. Vor dem Servieren die Thunfischquader quer zur Faser in jeweils vier Scheiben schneiden.

ANRICHTEN

Den Salat von der grünen Papaya auf die Teller verteilen und die Thunfischscheiben darauf anrichten. Seitlich jeweils 1 EL Currysauce ausstreichen und einige Tropfen Chiliöl darauftäufeln.
Mit den Basilikumblättern, den Blüten und einigen Erdnusskernen garnieren. Die restliche Currysauce in einer separaten Schale dazu servieren.

Currys

Die Vielfältigkeit der Thai-Currys ist groß, sie können aus fast allen Gemüsen, Fleisch, Fisch und Meeresfrüchten zubereitet werden. Manche sind schärfer, manche süßlicher, viele werden mit Kokosmilch gekocht, einige ohne. Man könnte ein ganzes Buch allein mit Thai-Currys füllen. Sie sind ein wesentlicher Bestandteil unserer Küche. Ich habe für Sie einige aus den verschiedenen Regionen des Landes ausgewählt.

Grünes Gemüsecurry

Gaeng Khew Wan Pak Raum, แกงเขียวหวานผักรวม

ETWA 30 MINUTEN

FÜR 4 PORTIONEN

Für das grüne Gemüsecurry
1 kg frisches Gemüse (z. B. Zucchini, Paprika, Kirschtomaten, Bambussprossen, Aubergine, Zuckererbsen, Zwiebel, Kürbis etc.)
2 EL neutrales Pflanzenöl
4–6 EL grüne Currypaste (siehe Seite 224)
800 ml Kokosmilch
6–8 EL Fischsauce
1½–2 EL Palmzucker
4 Blätter Kaffir-Limette

Zum Anrichten
einige Blätter süßes Thai-Basilikum (Bai Horapa)
nach Wunsch Reis oder Khanom chin

ZUBEREITUNG

GRÜNES GEMÜSECURRY

Das Gemüse putzen, gegebenenfalls schälen und in mundgerechte Stücke schneiden.
Das Öl in einem großen Topf erhitzen und die Currypaste darin rösten, bis sich die Aromen entfalten. Dann mit der Kokosmilch auffüllen und etwas einkochen. Mit der Fischsauce und dem Palmzucker würzen. Dann das Gemüse und die Kaffir-Limettenblätter zugeben und 2–3 Minuten kochen. Das Curry gegebenenfalls vor dem Servieren mit etwas Fischsauce abschmecken.

ANRICHTEN

Das grüne Gemüsecurry auf Schalen verteilen und mit den Basilikumblättern garnieren. Die gewählte Beilage in einer separaten Schale dazu servieren.

TIPP

Sollten Gemüsesorten wie z. B. Karotten, die eine etwas längere Garzeit haben, verwendet werden, dann diese bereits mit der Kokosmilch in den Topf geben.

Jungle Curry

Geang Pa Gai, แกงป่าไก่

Ein sehr schmackhaftes Curry ohne Kokosmilch. Der Name Jungle Curry kommt wohl daher, dass sehr viele, also »ein ganzer Dschungel« an Gemüsen hierzu verwendet werden.

ETWA 30 MINUTEN

FÜR 4 PORTIONEN

Für das Jungle Curry
1 kleiner Kohlrabi
400 g Hähnchenbrust
200 g küchenfertiger Hokkaidokürbis
200 g Schlangenbohnen
200 g kleine Thai-Aubergine
200 g geputzte rote Paprikaschote
200 g Mangold
2 Triebe frischer grüner Pfeffer
100 g Fingerwurz (Krachai)
1 Stängel Zitronengras
2 EL neutrales Pflanzenöl
4–5 EL rote Currypaste (siehe Seite 224)
1 l Geflügelbrühe
3–4 EL Fischsauce
2 EL Palmzucker
einige kleine grüne Chilischoten (optional)
100 g gerösteter, gemahlener Reis
1 Handvoll Indisches bzw. Heiliges Basilikum (Bai Krapao)

Zum Anrichten
scharfes Thai-Basilikum (Bai Krapao)

ZUBEREITUNG

JUNGLE CURRY

Den Kohlrabi schälen und dann das Hühnerfleisch und alle Gemüsesorten in mundgerechte Stücke schneiden. Die Pfeffertriebe in Stücke von je 2 cm schneiden. 50 g Fingerwurz und das Zitronengras fein schneiden und im Mörser gut stampfen. Das Öl in einem großen Topf erhitzen und die Currypaste und das gestampfte Gemisch darin rösten, bis sich die Aromen entfalten. Mit der Geflügelbrühe aufgießen und mit der Fischsauce und dem Palmzucker würzen. Nach Wunsch die grünen Chilischoten untermischen. Die restliche Fingerwurz in Streifen schneiden, zusammen mit dem gemahlenen Reis, dem Fleisch und dem Gemüse zugeben, umrühren und 5 Minuten köcheln lassen. Vor dem Servieren gegebenenfalls mit Fischsauce abschmecken und die Bai-Krapao-Blätter unterrühren.

ANRICHTEN

Das Jungle Curry auf Schalen verteilen und mit Bai Krapao garnieren.

TIPP

Für die vegetarische Variante die Fischsauce durch helle Sojasauce und das Fleisch durch Tofu ersetzen und eine Currypaste ohne Garnelenpaste verwenden. Es können auch andere Fleischsorten oder Meeresfrüchte verwendet werden.

Massaman-Curry mit Rindfleisch

Gaeng Massaman Nuea, แกงมัสมั่นเนื้อ

ETWA 2 STUNDEN

FÜR 4 PORTIONEN

Für das Massaman-Curry mit Rindfleisch
600 g Rindfleisch (z. B. Wade)
2 EL neutrales Pflanzenöl
3 EL Massaman-Currypaste (siehe Seite 225)
2 EL Palmzucker
600 ml Kokosmilch
3 EL Fischsauce
2 frische Lorbeerblätter
1 EL Tamarindenpaste
1 Zimtstange
1 Zwiebel
250 g Kartoffel
3 EL Erdnusskerne
1 Sternanis
Salz

Zum Anrichten
kleine Lorbeerzweige
Reis

ZUBEREITUNG

MASSAMAN-CURRY MIT RINDFLEISCH

Das Fleisch in mundgerechte Würfel schneiden. Das Öl in einem Kochtopf erhitzen, die Currypaste zugeben und anrösten, bis sich die Aromen entfalten. Das Fleisch und den Palmzucker zugeben und nochmals einige Minuten weiterrösten. Dann mit der Kokosmilch auffüllen. Die Fischsauce, die Lorbeerblätter, die Tamarindenpaste und die Zimtstange untermischen und das Ganze etwa 1 ½ Stunden zugedeckt im auf 120 °C vorgeheizten Backofen (Ober-/Unterhitze) schmoren. Die Zwiebel abziehen und in breite Streifen schneiden. Die Kartoffeln schälen und je nach Größe halbieren oder vierteln. Die Erdnusskerne in einer beschichteten Pfanne ohne Fettzugabe leicht anrösten. Das Fleisch aus dem Backofen nehmen und die Zwiebel, die Kartoffeln, die Erdnusskerne und den Sternanis untermischen. Anschließend bei mittlerer Hitze etwa 15 Minuten leicht köcheln lassen, bis die Kartoffeln weich gegart sind und die Kokosmilch um ein Drittel reduziert ist. Das Fleisch sollte jetzt sehr weich gekocht sein. Vor dem Servieren nach Wunsch mit etwas Salz abschmecken.

ANRICHTEN

Das Curry auf Schalen verteilen und mit einem kleinen Lorbeerzweig garnieren. Den Reis in einer separaten Schale dazu servieren.

Nordthailändisches Hühnercurry

Kao Soy Gai, ข้าวซอยไก่

ETWA 30 MINUTEN

FÜR 4 PORTIONEN

Für das nordthailändische Hühnercurry
3 cm frische Kurkuma (alternativ 1 TL Kurkumapulver)
2 EL neutrales Pflanzenöl
2 EL rote Currypaste (siehe Seite 224)
1 TL Garam Masala (alternativ Madras-Currypulver)
1 l Kokosmilch
1 EL Palmzucker
1 EL schwarze Thai-Sojasauce
3 EL helle Sojasauce
2 EL Fischsauce
8 Hähnchenunterkeulen
Salz
neutrales Pflanzenöl zum Frittieren
etwa 350 g etwas breitere, frische Eiernudeln

Zum Anrichten
4 fein geschnittene Schalotten
2 EL Nam Prik Pao (siehe Seite 225)
200 g eingelegter Kohl oder Senfkohl
Limettenspalten
Korianderblätter

ZUBEREITUNG

NORDTHAILÄNDISCHES HÜHNERCURRY

Die Kurkuma schälen und fein schneiden. Das Öl in einem großen Topf erhitzen und die Kurkuma, die Currypaste und das Garam Masala anrösten, bis sich die Aromen entfalten. Dann mit der Kokosmilch auffüllen und mit dem Palmzucker, den beiden Sojasaucen und der Fischsauce würzen.

In einem separaten Kochtopf die Hähnchenunterkeulen in kochendes Salzwasser einlegen und 5 Minuten kochen. Dann in ein Sieb gießen, gut abbrausen und abtropfen lassen. Die Hähnchenunterkeulen dann in die Currysauce geben und etwa 15 Minuten leicht weiterköcheln lassen, bis das Fleisch durchgegart ist. Dabei gelegentlich kontrollieren, ob das Curry nicht zu stark reduziert. In diesem Fall etwas Wasser angießen.

Das Frittieröl erhitzen, etwa ¼ der Eiernudeln goldgelb frittieren und auf Küchenpapier abtropfen lassen. Die restlichen Eiernudeln entsprechend der Angabe auf der Packung zubereiten.

ANRICHTEN

Zuerst die Eiernudeln auf die Teller verteilen. Darauf je zwei Hähnchenkeulen legen und die Currysauce angießen. Die Schalottenstreifen, etwas Nam Prik Pao und den Kohl darauf anrichten. Zum Schluss mit den frittierten Eiernudeln, den Limettenspalten und Korianderblättern garnieren.

TIPP

Das separate Vorkochen und anschließende Abspülen der Hähnchenunterkeulen verhindert, dass austretendes Eiweiß in das Curry gelangt und zu unschöner Flockenbildung führt.

Rotes Entencurry mit Früchten

Gaeng phed Ped Yang, แกงเผ็ดเป็ดย่าง

ETWA 30 MINUTEN

FÜR 4 PORTIONEN

Für das rote Entencurry mit Früchten

1 knusprig gebratene Ente
¼ frische Ananas
4 Blätter Kaffir-Limette
1 Stängel süßes Thai-Basilikum (Bai Horapa)
2 EL neutrales Pflanzenöl
3–5 EL rote Currypaste (siehe Seite 224)
800 ml Kokosmilch
6–8 EL Fischsauce
2 EL Palmzucker
120 g grüne, kernlose Trauben
8 Kirschtomaten

Zum Anrichten

süßes Thai-Basilikum (Bai Horapa)
feine Scheiben milde rote Chilischote

ZUBEREITUNG

ROTES ENTENCURRY MIT FRÜCHTEN

Das Fleisch von den Knochen lösen und in mundgerechte Stücke schneiden. Die Ananas in Stücke schneiden und diese in einer heißen Grillpfanne oder am Grill goldbraun rösten. Die Kaffir-Limettenblätter in sehr feine Streifen schneiden. Die Basilikumblätter abzupfen.

Das Öl in einem großen Topf erhitzen und die Currypaste darin rösten, bis sich die Aromen entfalten. Dann mit der Kokosmilch aufgießen, etwas einkochen und mit der Fischsauce und dem Zucker würzen. Das Entenfleisch, die Ananas, die Trauben und die Tomaten zugeben und 2–3 Minuten leicht köcheln lassen. Vor dem Servieren die Kaffir-Limettenblätter unterrühren.

ANRICHTEN

Das Curry auf Schalen verteilen und mit den Basilikumblättern und den Chilischeiben garnieren.

Nordthailändisches Curry mit Schweinebauch und Rippchen

Gaeng Hang Lay, แกงฮังเล

ETWA 2 STUNDEN

FÜR 4 PORTIONEN

Für das nordthailändische Curry mit Schweinebauch und Rippchen

500 g durchwachsener Schweinebauch
300 g Kotelettrippchen (Loin Ribs) vom Schwein
1 EL neutrales Pflanzenöl
1 Rezept Hang-Lay-Currypaste (siehe Seite 226)
1 EL Palmzucker
1 EL schwarze Thai-Sojasauce
2 EL Fischsauce
1 EL Tamarindenpaste
1 Zimtstange
1 Sternanis
4 EL Erdnusskerne
3 cm Ingwer
1 süßsauer eingelegter Knoblauch

Zum Anrichten

Korianderblätter

ZUBEREITUNG

NORDTHAILÄNDISCHES CURRY MIT SCHWEINEBAUCH UND RIPPCHEN

Fleisch und die Rippchen in mundgerechte Stücke schneiden. Das Öl in einer Pfanne erhitzen. Die Fleischteile darin scharf anbraten. Dann die Rippchen und die Currypaste zugeben und alles zusammen goldbraun rösten. Anschließend mit etwa 500 ml Wasser auffüllen, sodass das Fleisch komplett bedeckt ist. Mit dem Palmzucker, der Sojasauce und der Tamarindenpaste würzen. Den Sternanis und die Zimtstange zugeben. Das Fleisch zugedeckt im auf 120 °C vorgeheizten Backofen (Ober-/Unterhitze) 90 Minuten schmoren. Die Erdnüsse in einer beschichteten Pfanne ohne Fettzugabe rösten. Den Ingwer schälen und in Streifen schneiden. Das Fleisch aus dem Ofen nehmen und die Erdnüsse, die Hälfte des Ingwers und den eingelegten Knoblauch untermischen. Das Fleisch anschließend bei mittlerer Temperatur auf dem Herd noch weiterköcheln lassen, bis es sehr zart ist. Vor dem Servieren gegebenenfalls mit etwas Fischsauce abschmecken.

ANRICHTEN

Das Curry auf Schalen verteilen und mit den restlichen Ingwerstreifen und Korianderblättern garnieren.

TIPP

Sollten Sie eine gute Gewürzmühle besitzen, dann können Sie den Sternanis und die Zimtstange auch bereits bei der Zubereitung der Hang-Lay-Currypaste mitverarbeiten.

STOCKRIDERS
MC

Fleisch- und Gemüsegerichte

Auch Gebratenes, Frittiertes, Gegrilltes und Gedämpftes bildet als Hauptgericht einen festen Bestandteil der Thai-Speisenfolge. Das Gai Yang, gegrilltes Hähnchen, ist beispielsweise ein absolutes Muss auf Streetfood-Märkten. Auf kleinen Holzkohlegrills zubereitet, duftet es weithin, gegessen wird es mit Klebreis. Ich liebe dieses Gericht.

Wer im Süden Urlaub macht, hat die Auswahl an diversen gegrillten Meeresfrüchten, serviert mit einem scharfen Nam-Prik-Dip. Gebraten und auch frittiert wird in einem Wok auf offener Gasflamme, ideal für soßige Gerichte und Gemüse. Zum Dämpfen kommt in die Wokpfanne etwas Wasser und obendrauf ein Bambuskorb oder ein Dämpfeinsatz aus Aluminium.

Gelber Reis in der Ananas

Kaow ob Saparot, ข้าวอบสับปะรด

20 MINUTEN

FÜR 2 PORTIONEN

Für den gelben Reis in der Ananas
2 EL Cashewkerne
1 Ananashälfte
2 Schalotten
1 kleine rote Spitzpaprikaschote
1 große rote Chilischote (frisch oder getrocknet)
150 ml Kokosmilch
½ TL Kurkumapulver
1 TL Palmzucker
2 EL Fischsauce
etwa 500 g vorgegarter Reis
Salz
2 Frühlingszwiebeln

Zum Anrichten
2 EL frische, geröstete Kokosraspel
einige frische Korianderblätter

ZUBEREITUNG

GELBER REIS IN DER ANANAS

Die Cashewkerne in einer beschichteten Pfanne ohne Fettzugabe leicht rösten. Das Fruchtfleisch der Ananas vorsichtig herausschneiden, ohne dabei die Ananasschale zu beschädigen. Die Ananasschale im auf 200 °C vorgeheizten Backofen (Ober-/Unterhitze) 5 Minuten backen, dann aus dem Backofen nehmen und beiseitelegen. Den Strunk aus dem Fruchtfleisch entfernen, das Fruchtfleisch in kleine Stücke schneiden und in einer heißen Pfanne rösten, bis es schön gebräunt ist. Herausnehmen und beiseitestellen. Die Schalotten abziehen und in kleine Würfel schneiden. Die Paprikaschote putzen und in feine Streifen schneiden. Die Chilischote nach Wunsch entkernen und in feine Scheiben schneiden. Die Kokosmilch in die Pfanne gießen und dickflüssig einkochen. Dann die Schalotten, die Paprika, die Chilischote, die Cashewkerne und das Kurkumapulver unterrühren und mit dem Palmzucker und der Fischsauce würzen. Dann den Reis untermischen und einige Minuten mitköcheln lassen, dabei gut umrühren, damit er nicht am Pfannenboden anliegt. Die Frühlingszwiebeln in feine Röllchen schneiden. Den Reis mit Salz abschmecken und die Frühlingszwiebeln und die gebratene Ananas untermischen.

ANRICHTEN

Etwa die Hälfte des gelben Reises in die noch heiße Ananashälfte füllen und mit den Kokosraspeln und Koriander garnieren. Den Rest in einer separaten Schüssel dazu servieren.

TIPP

Für eine vegetarische Variante die Fischsauce durch helle Sojasauce ersetzen.

Gemüse mit scharfem Thai-Basilikum und frischem grünem Pfeffer

Phad kie mau Hed, ผัดขี้เมาเห็ด

ETWA 2 STUNDEN

FÜR 4 PORTIONEN

Für das Gemüse mit scharfem Thai-Basilikum und frischem grünem Pfeffer
300 g Pilze
200 g gemischte Paprikaschoten
5–6 Zehen Knoblauch
1–2 große, milde rote Chilischoten
1 milde orangefarbene Chilischote
2–3 Triebe frischer grüner Pfeffer
1 Zwiebel
2 Stücke Fingerwurz (Krachai)
3 EL neutrales Pflanzenöl
4 EL Fischsauce
4 EL Austernsauce
1 EL Palmzucker
6–7 Blätter Kaffir-Limette
1 Handvoll scharfe Thai-Basilikumblätter (Bai Krapao)

Zum Anrichten
frittierte scharfe Thai-Basilikumblätter

ZUBEREITUNG

GEMÜSE MIT SCHARFEM THAI-BASILIKUM UND FRISCHEM GRÜNEM PFEFFER

Die Pilze putzen und in mundgerechte Stücke schneiden. Die Paprikaschoten putzen, entkernen und in breite Streifen schneiden. Die Knoblauchzehen abziehen, die Chilischoten nach Wunsch entkernen und beides im Mörser zerstoßen. Die Pfeffertriebe mit einem Messer oder einer Schere in 1–2 cm lange Stücke schneiden. Die Zwiebel abziehen und in breite Streifen schneiden. Die Fingerwurz putzen und in breite Streifen scheiden. Das Öl in einer Pfanne erhitzen und das Knoblauch-Chili-Gemisch anbraten. Dann erst den grünen Pfeffer, die Zwiebelstreifen und die Ingerwurz zugeben und mitbraten, anschließend die Paprikastreifen und die Pilze zugeben und ebenfalls 2–3 Minuten mitbraten. Die Fischsauce, die Austernsauce und den Palmzucker mit etwa 120 ml Wasser verrühren, in die Pfanne gießen und unterrühren. Die Kaffir-Limettenblätter etwas zerkleinern und zusammen mit den Basilikumblättern untermischen.

ANRICHTEN

Das Gemüse auf Schalen verteilen und mit den frittierten Basilikumblättern garnieren.

Gebratenes Huhn mit Cashewkernen

Gai Phad Med Mamuang Himaphan, ไก่ผัดเม็ดมะม่วงหิมพานต์

ETWA 30 MINUTEN

FÜR 4 PORTIONEN

Für gebratenes Huhn mit Cashewkernen

500 g Hähnchenfleisch (z. B. Oberkeule ohne Haut und Knochen)
200 g Zwiebel
3–4 Zehen Knoblauch
5–6 getrocknete, große Chilischoten
2 Frühlingszwiebeln
80 g Cashewkerne
neutrales Pflanzenöl
1 EL Maisstärkemehl
3 EL Austernsauce
2 EL helle Sojasauce
1 EL Fischsauce
1 EL Nam Prik Pao
1 EL Palmzucker
1 EL Tamarindenpaste
1 TL Sesamöl

ZUBEREITUNG

GEBRATENES HUHN MIT CASHEWKERNEN

Das Hähnchenfleisch in dünne Streifen schneiden. Die Zwiebel abziehen, in 6–8 Spalten schneiden und in die einzelnen Schichten zerteilen. Den Knoblauch abziehen und in feine Scheiben schneiden. Die Chilischoten nach Wunsch entkernen und in 1 cm lange Stücke schneiden. Die Frühlingszwiebel in 3 cm lange Stücke schneiden. Die Cashewkerne in einer beschichteten Pfanne ohne Fettzugabe leicht anrösten und beiseitestellen. So viel Öl in eine Pfanne gießen, dass es etwa 1 cm hoch steht, und erhitzen. Die Fleischstreifen im Stärkemehl wenden und goldbraun braten. Dann auf Küchenpapier etwas abtropfen lassen. Das Öl bis auf einen Rest von etwa 1 EL entfernen, erneut erhitzen und die Zwiebeln, den Knoblauch und die Chilischoten anbraten, bis sie leicht gebräunt sind. Dann die verschiedenen Saucen, die Nam Prik Pao, den Palmzucker und die Tamarindenpaste mit 120 ml Wasser verrühren und in die Pfanne gießen. Anschließend die Fleischstreifen, die Cashewkerne und die Frühlingszwiebeln untermischen und die Flüssigkeit etwas reduzieren. Vor dem Servieren das Sesamöl darüberträufeln.

ANRICHTEN

Das gebratene Huhn mit Cashewkernen auf Schalen verteilen.

TIPP

Für die vegetarische Variante die Fisch- und Austernsauce durch eine Kombination aus heller und dunkler Sojasauce sowie Pilzsauce ersetzen.

Knusprig gebratenes Schweinefleisch mit Chinesischem Brokkoli

Kana Moo Krob ผัดคะน้าหมูกรอบ

ETWA 2 STUNDEN

FÜR 4 PORTIONEN

Für das knusprig gebratenes Schweinefleisch mit Chinesischem Brokkoli
400 g Chinesischer Brokkoli (Pak Kanaa)
1 Kohlrabi (optional)
400 g Moo Krob (siehe Seite 227)
5–6 Zehen Knoblauch
3 EL neutrales Pflanzenöl
6 EL Austernsauce
4 EL helle Sojasauce
2 EL Palmzucker
kleine rote Chilischoten (optional)

Zum Anrichten
feine Chilischeiben

ZUBEREITUNG

KNUSPRIG GEBRATENES SCHWEINEFLEISCH MIT CHINESISCHEM BROKKOLI

Den Chinesischen Brokkoli waschen und putzen. Den Kohlrabi schälen. Den Brokkoli, den Kohlrabi und das Schweinefleisch in mundgerechte Stücke schneiden. Den Knoblauch abziehen und im Mörser zerstoßen. Das Öl in einer Pfanne erhitzen und den Knoblauch, den Kohlrabi und die Brokkolistängel kurz anbraten. Dann mit 120 ml Wasser ablöschen und etwa 1 Minute köcheln lassen. Mit der Austernsauce, der Sojasauce und dem Palmzucker würzen und anschließend die Brokkoliblätter und das Fleisch zugeben. Kurz weiterköcheln lassen, bis alle Zutaten erwärmt sind.

ANRICHTEN

Das knusprig gebratene Schweinefleisch mit Chinesischem Brokkoli anrichten und mit den Chilischeiben bestreuen.

Gebratenes Rindfleisch mit scharfem Thai-Basilikum

Phad Krapao Nuea, ผัดกะเพราเนื้อ

ETWA 2 STUNDEN

FÜR 4 PORTIONEN

Für das gebratene Rindfleisch mit scharfem Thai-Basilikum

600 g Rindfleisch (z. B. Entrecote, Hüftsteak)
5–6 Zehen Knoblauch
2 milde, große rote Chilischoten
1 milde, große orange Chilischote
1 Zwiebel
3 EL neutrales Pflanzenöl
4 EL Austernsauce
2–3 EL Fischsauce
2 TL Palmzucker
frisch gemahlener schwarzer Pfeffer
1 Handvoll Blätter scharfes Thai-Basilikum (Bai Krapao)

Zum Anrichten

frittierte Blätter scharfes Thai-Basilikum (Bai Krapao)
Reis

ZUBEREITUNG

GEBRATENES RINDFLEISCH MIT SCHARFEM THAI-BASILIKUM

Das Rindfleisch quer zur Faser in feine Streifen schneiden. Den Knoblauch abziehen und zusammen mit den nach Wunsch entkernten Chilischoten im Mörser zerstoßen. Die Zwiebel abziehen und in breite Streifen schneiden. Das Öl in einer Pfanne erhitzen und die Knoblauch-Chili-Paste anbraten. Dann die Fleisch- und Zwiebelstreifen zugeben und anbraten. Die Austernsauce, die Fischsauce und den Palmzucker verrühren und in die Pfanne geben. Mit Pfeffer abschmecken und die Basilikumblätter untermischen.

ANRICHTEN

Das gebratene Rindfleisch anrichten und mit den frittierten Basilikumblättern bestreuen.Den Reis in einer separaten Schale dazu servieren.

Gebratene Nudeln im Omelett

Phad Thai Hoi Kai, ผัดไทยห่อไข่

ETWA 20 MINUTEN

FÜR 4 PORTIONEN

Für die gebratenen Nudeln im Omelett
300 g getrocknete Reisnudeln
3–4 Zehen Knoblauch
4 Schalotten
3 EL neutrales Pflanzenöl
200 g Tofu
2 EL schwarze Sojasauce
3–4 EL Fischsauce
2–3 EL Tamarindenpaste
4 EL Palmzucker
1 EL getrocknete Garnelen
1 EL eingelegter Rettich (Asia-Geschäft)
1 Frühlingszwiebel
3 EL Erdnusskerne
200 g Mungbohnenprossen
Chilipulver oder -flocken (optional)
4 Eier

Zum Anrichten
Korianderblätter
2 Limetten
50 g Schnittknoblauch (optional)

ZUBEREITUNG

GEBRATENE NUDELN IM OMELETT

Die Reisnudeln für 10 Minuten in lauwarmem Wasser einweichen, dann in ein Sieb gießen und abtropfen lassen. Den Knoblauch und die Schalotten abziehen und grob hacken. Den Tofu in Würfel schneiden. Das Öl in einer Pfanne erhitzen und den Tofu goldbraun braten. Dann den Tofu herausnehmen und auf Küchenpapier abtropfen lassen. Den Knoblauch und die Schalotten im Fett anbraten. Die Sojasauce, die Fischsauce, die Tamarindenpaste, den Palmzucker und 200 ml Wasser in einer Schale verrühren und in die Pfanne gießen. Anschließend die Reisnudeln, die Garnelen und den in feine Streifen geschnittenen Rettich zugeben und 2 Minuten garen. Die Frühlingszwiebel in feine Röllchen schneiden. Die Erdnusskerne grob mörsern. Beides zusammen mit der Hälfte der Mungbohnensprossen und nach Wunsch dem Chilipulver untermischen. In einer separaten Pfanne aus den Eiern vier dünne, luftige Omeletts mit etwa 30 cm Durchmesser braten.

ANRICHTEN

Je ein Omelett auf einem Teller ausbreiten. Die Nudeln in die Mitte geben und das Omelett zusammenklappen, dann das Omelett wenden, sodass die geschlossene Seite oben ist. Diese kreuzweise aufschneiden und die Enden zurückklappen. Die Tofuwürfel, die restlichen Mungbohnensprossen, die Korianderblätter, den Schnittknoblauch und eine halbe Limette daneben platzieren.

260

Fisch und Meeresfrüchte

Frischer Fisch und Meeresfrüchte sind ein wichtiger Bestandteil der thailändischen Esskultur. Im Landesinneren sind es Fisch, Garnelen und Wasserschnecken aus Seen und Flüssen, an der Küste alles, was das Meer hergibt.

In Thailand wird deutlich mehr Fisch gegessen als Fleisch. Fisch und Meeresfrüchte, welche nicht gleich frisch verzehrt werden, werden oft in der Sonne zum Trocknen ausgelegt oder fermentiert und zu Würzpasten und Saucen verarbeitet. Frische, noch lebende Fische, die erst beim Kauf für die Kunden geschlachtet werden, findet man auf fast allen Märkten.

Fisch mit vier Geschmacksrichtungen

Pla Si Ros, ปลาสี่รส

ETWA 30 MINUTEN

FÜR 2 PORTIONEN

Für den Fisch mit vier Geschmacksrichtungen
2 Wolfsbarsche (à 300 g)
Salz
1 EL Reisstärkemehl (alternativ Maisstärkemehl)
neutrales Pflanzenöl zum Frittieren
1 rote Paprikaschote
1 gelbe Paprikaschote
½ dünne Stange Lauch
2 Schalotten
2–3 Zehen Knoblauch
frische Chilischoten nach Wunsch
4–5 EL Fischsauce
2 EL Tamarindenpaste
6 TL Palmzucker

Zum Anrichten
1 Bananenblatt
1 EL gerösteter Knoblauch (siehe Seite 198)
1 in Röllchen geschnittene Frühlingszwiebel
Chilischoten

ZUBEREITUNG

FISCH MIT VIER GESCHMACKSRICHTUNGEN

Die Wolfsbarsche waschen und putzen. Nach Wunsch kann der Fisch filetiert werden. Das Öl etwa 1cm hoch in einem Topf erhitzen. Die Fischfilets salzen und im Reisstärkemehl wenden. Anschließend im heißen Öl portionsweise 3 Minuten auf jeder Seite frittieren. Dann herausheben, auf Küchenpapier etwas abtropfen lassen und kurz warm stellen.
Die Paprikaschoten und den Lauch putzen, die Paprikaschoten entkernen. Die Schalotten abziehen. Alles in feine Streifen schneiden. Den Knoblauch abziehen und mit den nach Wunsch entkernten Chilischoten im Mörser zerstampfen. Etwas vom verbliebenen Frittieröl in eine Pfanne geben und die Knoblauch-Chili-Paste und die Schalotten anbraten. Die Fischsauce, die Tamarindenpaste und den Palmzucker mit 100 ml Wasser verrühren, in die Pfanne gießen und einmal aufkochen lassen. Dann die Paprika- und Lauchstreifen untermischen. Alles zusammen nochmals kurz köcheln lassen und dann abschmecken.

ANRICHTEN

Ein Stück Bananenblatt ausbreiten und die Filets darauflegen. Das Gemüse darauf anrichten. Mit etwas geröstetem Knoblauch und den Frühlingszwiebeln bestreuen und mit Chilischoten garnieren. Nach Wunsch das Kopf- und Schwanzteil des Fischs dazustellen.

TIPP

Der Fisch kann auch vom Fischhändler filetiert werden oder als Fischfilet gekauft werden. Sollte der Fisch im Ganzen zubereitet werden, dann die beiden Seiten drei- bis viermal einschneiden.

Gebratene Goldbrasse mit Salat aus grüner Mango

Pla Tood – Yam Mamuang, ปลาทอดราดยำมะม่วง

ETWA 20 MINUTEN

FÜR 2 PORTIONEN

Für die gebratene Goldbrasse mit Salat aus grüner Mango
2 küchenfertige Goldbrassen (à 300 g)
Salz
neutrales Pflanzenöl zum Frittieren
1 grüne Thai-Mango (alternativ eine sehr harte Mango aus dem Supermarkt)
2 Schalotten
1 große rote Chilischote
2 Stängel Thai-Sellerie (alternativ ½ Stange Staudensellerie)
100 g Cashewkerne
2 EL Fischsauce
2 EL Limettensaft
1 TL Palmzucker

Zum Anrichten
Bananenblatt
einige Blätter Koriander

ZUBEREITUNG

Die Goldbrasse waschen und putzen. Nach Wunsch kann der Fisch filetiert werden, dabei die Filets am Kopf- und am Schwanzende verbunden lassen. Das Öl etwa 1 cm hoch in einem Topf erhitzen. Die Fischfilets salzen und im heißen Öl portionsweise 3 Minuten auf jeder Seite frittieren. Die Filets gut abtropfen lassen, auf ein Backblech legen und im auf 160 °C vorgeheizten Backofen (Ober-/Unterhitze) 5 Minuten gar ziehen lassen.
Die Mango schälen, das Fruchtfleisch in Streifen schneiden und in eine große Schüssel geben. Die Schalotten abziehen und in Streifen schneiden. Die Chilischote nach Wunsch entkernen und in feine Scheiben schneiden. Den Thai-Sellerie in Streifen schneiden. Die Cashewkerne in einer beschichteten Pfanne ohne Fettzugabe leicht anrösten. Alle vorbereiteten Zutaten zur Mango geben. Die Fischsauce, den Limettensaft und den Palmzucker verrühren, bis sich der Palmzucker aufgelöst hat. Die Marinade über den Mangosalat gießen und gut vermischen.

ANRICHTEN

Ein Stück Bananenblatt ausbreiten und den Fisch oder die Filets darauflegen. Den Salat darauf anrichten und mit Korianderblättern garnieren.

TIPP

Der Fisch kann filetiert oder aber im Ganzen mit drei bis vier Schnitten auf beiden Seiten zubereitet werden.

Garnelen mit geröstetem Knoblauch und grünem Pfeffer

Goong kratiem prik thai, ผัดกุ้งกระเทียมพริกไทย

ETWA 20 MINUTEN

FÜR 4 PORTIONEN

Für den gerösteten Knoblauch
8 Zehen Knoblauch
neutrales Pflanzenöl

Für die Garnelen r
16 ganze Garnelen (ohne Schale, Größe 8–12)
2 EL Knoblauchöl (vom gerösteten Knoblauch)
4 Stücke Fingerwurz
4 Triebe frischer grüner Pfeffer
2 EL Fischsauce

ZUBEREITUNG

GERÖSTETER KNOBLAUCH

Den Knoblauch abziehen und im Mörser stampfen. Das Öl etwa 1 cm hoch in einer Pfanne erhitzen und den Knoblauch bei mittlerer Hitze goldbraun rösten. Dann aus dem Fett nehmen und auf Küchenpapier gut abtropfen lassen.

GARNELEN

Die Garnelen putzen und gegebenenfalls den Darm entfernen. Das Knoblauchöl in der Pfanne belassen, den Rest entfernen. Das Öl erhitzen und die Garnelen auf beiden Seiten anbraten. Die Fingerwurz gut abbürsten, klein schneiden und zusammen mit dem grünen Pfeffer in die Pfanne geben. Mit der Fischsauce würzen und alles gut durchschwenken.

ANRICHTEN

Die Garnelen anrichten und mit geröstetem Knoblauch bestreuen.

Garnelen mit Tamarinde

Goong Tood rad nammakam, กุ้งทอด ราดน้ำมะขาม

ETWA 30 MINUTEN

FÜR 4 PORTIONEN

Für die Garnelen mit Tamarinde
16 ganze Garnelen (Größe 8–12)
4 Stängel Zitronengras
2 EL neutrales Pflanzenöl
Salz
8 Blätter Kaffir-Limette
8 getrocknete rote Chilischoten
3 EL Tamarindenpaste
4 EL Fischsauce
4 EL Palmzucker
neutrales Pflanzenöl zum Frittieren

Zum Anrichten
4 EL gerösteter Knoblauch (siehe Seite 198)

ZUBEREITUNG

GARNELEN MIT TAMARINDE

Die Garnelen putzen, die Schwänze schälen und gegebenenfalls den Darm entfernen. Das Zitronengras zur Hälfte in feine Ringe schneiden, den Rest längs einschneiden. Das Öl in einer Pfanne erhitzen und die Garnelen 2 Minuten anbraten, dann wenden und mit Salz würzen. Die Zitronengrasringe, vier Kaffir-Limettenblätter und eine Chilischote in die Pfanne geben. Dann die Garnelen noch etwas weiterbraten, bis sie innen noch glasig sind. In einem Topf die Tamarindenpaste, die Fischsauce und den Palmzucker unter Rühren zusammen aufkochen und um etwa ⅓ einkochen.
Das Frittieröl erhitzen und die Zitronengrasstreifen, die restlichen Kaffir-Limettenblätter und die restlichen Chilischoten frittieren.

ANRICHTEN

Die Garnelen so anrichten, dass die Kopfteile einen Turm bilden. Die frittierten Zitronengrasstreifen, die Kaffir-Limettenblätter und die Chilischoten darum verteilen. Dann etwas Sauce über die Garnelen träufeln und den gerösteten Knoblauch darüberstreuen.

Gedämpfter Fisch mit Muscheln und Kräutern

Pla, Hoi Nueng Samunpai, ปลากับหอยนึ่งสมุนไพร

ETWA 30 MINUTEN

FÜR 1 PERSON BZW. 1 FISCH

Für den gedämpften Fisch mit Muscheln und Kräutern

1 ganzer Fisch (à 300 g, z. B. Red Snapper, Wolfsbarsch, Goldbrasse)
3–4 Venusmuscheln
3–4 Miesmuscheln
neutrales Pflanzenöl
Salz
50 g geputzter Lauch
50 g geputzter Fenchel
50 g geputzte rote Paprikaschote
3 Scheiben Ingwer
½ Stängel Zitronengras
½ Frühlingszwiebel
1 kleiner, eingelegter Knoblauch
3 EL Fischsauce
4 EL Limettensaft
½ EL Palmzucker
3 EL Geflügelbrühe
2 EL Marinade vom eingelegten Knoblauch
Chilischoten nach Geschmack

Zum Anrichten

1 Stängel süßes Thai-Basilikum (Bai Horapa)

ZUBEREITUNG

GEDÄMPFTER FISCH MIT MUSCHELN UND KRÄUTERN

Den Fisch putzen und entschuppen. Das Rückgrat mit den Gräten so herausschneiden, dass eine Mulde entsteht. Die Muscheln sorgfältig säubern und gegebenenfalls aussortieren (siehe Tipp).
Einen tiefen Teller mit etwas Öl bepinseln und den Fisch in leicht gebogener Haltung darauflegen und mit Salz würzen.
Den Lauch, den Fenchel, die Paprikaschote und den Ingwer in feine Streifen schneiden. Die Hälfte des Zitronengrases und die Frühlingszwiebel in feine Röllchen schneiden und das Zitronengras noch zusätzlich fein hacken. Das restliche Zitronengras für die Garnitur beiseitelegen. Die Hälfte des Knoblauchs in feine Scheiben schneiden, den Rest für die Garnitur beiseitelegen. Einen Teil der Zitronengrasröllchen, des Ingwers, des Fenchels, der Frühlingszwiebel und des Lauchs mischen und von oben in den Fisch füllen. Den Fisch z. B. in einem Bambusdämpfer 12 Minuten dämpfen. Dann die Muscheln und das restliche vorbereitete Gemüse zugeben und 3 Minuten weiterdämpfen. Die Fischsauce, den Limettensaft, den Palmzucker, die warme Geflügelbrühe, die Knoblauchmarinade und die Knoblauchscheiben zu einer Sauce vermischen und erwärmen.

ANRICHTEN

Den Fisch auf einen Teller legen und die Muscheln und das Gemüse darum herum anrichten. Die warme Sauce darüberträufeln. Mit dem beiseitegelegten Zitronengras- und den Knoblauchresten sowie dem Basilikumstängel garnieren.

TIPP

Zum Säubern von Muscheln diese erst in kaltem Wasser gründlich waschen, die Bartfasern entfernen und bereits geöffnete Muscheln, die sich auch nach leichtem Klopfen nicht schließen, aussortieren und verwerfen. Muscheln, die sich nach dem Garen nicht geöffnet haben, ebenfalls aussortieren und verwerfen.

Gegrillte, gefüllte Calamari

Pla muk yad sai yang, ปลาหมึกยัดไส้ย่าง

ETWA 30 MINUTEN

FÜR 4 PORTIONEN

Für die gegrillten, gefüllten Calamari

20 kleine, gefüllte Calamari (siehe Seite 204)

Zum Anrichten

4 Schälchen Nam Prik Talay mit Ananas

Limettenscheiben

2 EL gerösteter Knoblauch (siehe Seite 198)

2 in feine Röllchen geschnittene Frühlingszwiebeln

in Scheiben geschnittene rote Chilischote

ZUBEREITUNG

GEGRILLTE, GEFÜLLTE KALAMARI

Die Calamari auf beiden Seiten jeweils 3 Minuten grillen. Anschließend die Zahnstocher entfernen.

ANRICHTEN

Die gefüllten Calamari anrichten und die Dip-Sauce in einer separaten Schale dazu servieren. Die Limettenscheiben zwischen die Calamari stecken. Das Ganze mit dem Knoblauch, den Frühlingszwiebelröllchen und den Chilischeiben bestreuen.

An Bananenblättern gegrillter Fisch

Homook Pla Ping, ห่อหมกปลาปิ้ง

ETWA 30 MINUTEN

FÜR 2 PORTIONEN

Für den in Bananenblättern gegrillten Fisch
2 ganze Fische (à 300 g, z. B. Goldbrasse)
½ TL Koriandersamen
½ TL Kreuzkümmelsamen
200 ml cremige Kokosmilch
2 Eigelb
2 EL rote Currypaste (siehe Seite 224)
4 EL Fischsauce
4 TL Palmzucker
100 g Bambussprossen (Konserve)
6 Stücke Fingerwurz (Krachai)
4 Kaffir-Limettenblätter
4 Bananenblätter

Zum Anrichten
Limettenscheiben
Thai-Basilikum
Fingerwurz
Chilischoten

ZUBEREITUNG

IN BANANENBLÄTTERN GEGRILLTER FISCH

Die Fische putzen und auf jeder Seite mit einem Messer 3–4 schräge Querschnitte einschneiden.
Die Koriander- und Kreuzkümmelsamen in einer beschichteten Pfanne ohne Fettzugabe rösten und in einem Mörser zerstoßen.
Die Kokosmilch, die Eigelbe, die Currypaste, die Fischsauce, den Palmzucker und die zerstoßenen Gewürze in einer Schale verrühren. Die Marinade auf die Außenflächen und in den Bauchraum der Fische streichen.
Die Bambussprossen gut abtropfen lassen und in dünne Scheiben schneiden. Die Fingerwurz abbürsten und in feine Streifen schneiden. Zwei Bananenblätter aufeinanderlegen und ein Viertel der Bambussprossen und der Fingerwurz darauf ausbreiten. Einen Fisch darauflegen und mit einem weiteren Viertel der Bambussprossen und der Fingerwurz bedecken. Anschließend die Enden der Bananenblätter einschlagen, sodass ein kompaktes Päckchen entsteht. Nach Wunsch kann das Päckchen mit Blattfasern oder Küchengarn fixiert werden. Mit dem restlichen Fisch und den Zutaten ebenso verfahren. Die Fischpäckchen auf den Grill legen oder im auf 200 °C vorgeheizten Backofen (Ober-/Unterhitze) 15–20 Minuten garen.

ANRICHTEN

Je ein Fischpäckchen anrichten und die Bananenblatthülle leicht öffnen. Mit den Limettenscheiben, dem Thai-Basilikum, der Fingerwurz und den Chilischoten garnieren.

Krabben mit Glasnudeln

Poo ob woon sen, ปูอบวุ้นเส้น)

ETWA 45 MINUTEN

FÜR 4 PORTIONEN

Für die Krabben mit Glasnudeln
1,2 kg küchenfertige Krabben (z. B. Schlammkrabbe)
4 getrocknete Shiitake-Pilze
150 g Glasnudeln
300 ml Geflügelbrühe
2 EL helle Sojasauce
2 EL dunkle Sojasauce
3 EL Austernsauce
2 TL Palmzucker
2 TL Sesamöl
Salz
etwa 6 cm Ingwer
12–15 Zehen Knoblauch
5–6 Stängel Thai-Sellerie (alternativ 2 Stangen Staudensellerie)
4–5 Korianderwurzeln (alternativ Korianderstängel)
10 weiße Pfefferkörner
100 g grüner Speck

ZUBEREITUNG

KRABBEN MIT GLASNUDELN

Die Krabben in größere Stücke schneiden und die Scheren aufbrechen. Die Pilze 5 Minuten in warmem Wasser quellen lassen, dann abseihen, die Stiele entfernen und die Kappen vierteln. Die Glasnudeln 10 Minuten in warmem Wasser quellen lassen, dann abseihen und mit einer Schere etwas zerkleinern. In einer Schüssel die Geflügelbrühe, die beiden Sojasaucen, die Austernsauce, den Palmzucker, das Sesamöl und etwas Salz verrühren und die Glasnudeln darin etwas durchziehen lassen. Den Ingwer schälen und in zwölf Scheiben schneiden. Die Knoblauchzehen abziehen und grob hacken. Den Thai-Sellerie und die Korianderwurzeln in etwa 3 cm lange Stücke schneiden. Die Pfefferkörner im Mörser zerkleinern. Den Speck in kleine Würfel schneiden. In einem Topf oder einer feuerfesten Steingutkasserolle die Speckwürfel bei mittlerer Hitze langsam rösten. Sobald die Würfel goldbraun sind, die Temperatur erhöhen und den Knoblauch, die Ingwerscheiben, die Korianderwurzeln und die Krabben anbraten. Anschließend die Pilze, den Pfeffer und die Nudeln mit der kompletten Marinade untermischen. Das Ganze bei geschlossenem Deckel 5 Minuten bei mittlerer Temperatur garen. Dann den Thai-Sellerie zugeben und zugedeckt weitere 5 Minuten garen.

ANRICHTEN

Die Kasserolle oder den Topf zur Selbstbedienung auf den Tisch stellen.

TIPP

Frischer, unbehandelter, also auch nicht geräucherter Rückenspeck vom Schwein wird auch als »grüner Speck« bezeichnet. Er wird vor allem zum Spicken oder Umwickeln (»Bardieren«) verwendet.

TIPP

Das Gericht kann abgedeckt auch im auf 200 °C vorgeheizten Backofen (Ober-/Unterhitze) gegart werden. Die Garzeit verlängert sich dann aber auf insgesamt 20 Minuten.

Venusmuscheln mit Nam Prik Pao

Hoilai Phad Namprikphow, หอยลายผัดน้ำพริกเผา

ETWA 15 MINUTEN

FÜR 4 PORTIONEN

Für die Venusmuscheln mit Nam Prik Pao

1,6 kg Venusmuscheln mit Schale (frisch oder TK)
8–10 Zehen Knoblauch
4 Schalotten
2 große, milde rote Chilischoten
2 große, milde gelbe Chilischoten
2 große, milde grüne Chilischoten
1 Frühlingszwiebel
2 Stängel Thai-Sellerie (alternativ 1 Stange Staudensellerie)
50 ml neutrales Pflanzenöl
7–8 EL Nam Prik Pao (siehe Seite 225)
4–5 EL helle Sojasauce
200 ml Geflügel- oder Gemüsebrühe
5 Blätter Kaffir-Limette
1 Handvoll süße Thai-Basilikumblätter (Bai Horapa)
Fischsauce (optional)

Zum Anrichten

4 Limettenspalten
süßes Thai-Basilikum (Bai Horapa)
Nam Prik Pao

ZUBEREITUNG

VENUSMUSCHELN MIT NAM PRIK PAO

Die Muscheln erst in kaltem Wasser gründlich waschen, die Bartfasern entfernen und bereits geöffnete Muscheln, die sich auch nach leichtem Klopfen nicht schließen, aussortieren und verwerfen. Den Knoblauch und die Schalotten abziehen, den Knoblauch in Scheiben, die Schalotten in Streifen schneiden. Die Chilischoten nach Wunsch entkernen und schräg in Scheiben schneiden. Die Frühlingszwiebel und den Thai-Sellerie in etwa 3 cm lange Stücke schneiden. Das Öl in einer Pfanne oder einem Wok erhitzen und den Knoblauch sowie die Schalotten anbraten. Die Muscheln, die Nam Prik Pao und die Geflügelbrühe unterrühren und das Ganze zugedeckt 2 Minuten garen. Muscheln, die sich nicht geöffnet haben, aussortieren und verwerfen. Dann die restlichen Zutaten untermischen und nachmals gut durchschwenken. Vor dem Servieren gegebenenfalls mit Sojasauce und Fischsauce abschmecken.

ANRICHTEN

Die Muscheln auf Schalen verteilen und mit Basilikum garnieren. Die Limettenspalten und die Nam Prik Pao in separaten Schalen dazu servieren.

TIPP

Das Gericht kann auch mit vorgegarten Muscheln oder ausgelöstem Muschelfleisch zubereitet werden.

Desserts

Frische Früchte sind fester Bestandteil des Nachtischs. Reisende nach Thailand sollten unbedingt die Vielzahl an aromatischen, reif geernteten Früchten probieren. Wir Thais essen viele Früchte oftmals mit etwas Salz, das bringt die Süße noch stärker zur Geltung.

Aber auch eine Vielzahl an warmen und kalten Desserts hat unsere Küche zu bieten. Sehr beliebt sind jene, welche in Kokosmilch gegart oder in Bananenblättern gedämpft bzw. gegrillt werden. Reis kommt auch bei vielen Desserts zum Einsatz, so bei der bei Europäern äußerst beliebten Mango mit Klebreis. Mein Rezept dazu finden Sie auf Seite 220.

Kokospudding im Kürbis

Sang Ka Ya Fak Thong, สังขยาฟักทอง

ETWA 70 MINUTEN PLUS 2–3 STUNDEN ABKÜHLZEIT

FÜR 4 PORTIONEN

Für den Kokospudding im Kürbis
1 Hokkaidokürbis (800–900 g)
1 Pandanblatt (alternativ Pandanextrakt)
160 g Palmzucker
¼ TL Salz
250 ml Kokosmilch
3 Eier

Zum Anrichten
Pandanblätter

ZUBEREITUNG

KOKOSPUDDING IM KÜRBIS

Den Kürbis gut waschen, oben quadratisch einschneiden und den Deckel abheben.
Mit einem Löffel das Kerngehäuse mitsamt allen Fäden sauber herausschaben. Den Kürbis in einem Dämpfeinsatz mit der offenen Seite nach unten 5 Minuten dämpfen. Anschließend mit der offenen Seite nach oben in eine passende kleine Schüssel geben.
Das Pandanblatt zu einem festen Knoten schlingen. Den Palmzucker, das Salz und das Pandanblatt in der Kokosmilch verrühren und die Mischung leicht erwärmen, damit sich der Zucker leichter auflöst. Die Eier in eine Schüssel aufschlagen und verquirlen. Anschließend unter die Kokosmilch rühren. Die Mischung durch ein Haarsieb in den Kürbis gießen. Sollte sich etwas Schaum gebildet haben, diesen mit einem Schaumlöffel abschöpfen. Den Kürbis mit dem Deckel abdecken und aufrecht zurück in den Dämpfer stellen. Den gefüllten Kürbis 60 Minuten dämpfen und dabei nach jeweils 15 Minuten den Kürbisdeckel kurz anheben. Den Kürbis dann zum Abkühlen beiseitestellen. Den Deckel beiseitelegen und den gefüllten Kürbis vor dem Servieren aufschneiden.

ANRICHTEN

Die Pandanblätter auf die Teller legen und eine Schnitte Kokospudding im Kürbis darauf anrichten.

Am Bananenblatt gegrillter Kokosreis

Kaow Man Ping, ข้าวมันปิ้ง

ETWA 75 MINUTEN

FÜR 4 PORTIONEN

Für die Tarofüllung
150 g Taroknolle
50 ml Kokosmilch
2 TL Zucker
1 Prise Salz

Für die Süßkartoffelfüllung
150 g Süßkartoffel
50 ml Kokosmilch
1 TL Zucker
1 Prise Salz

Für die Bananenfüllung
1 reife Banane

Für die Fertigstellung
3–4 Bananenblätter (frisch oder TK)
800 g vorgegarter weißer Klebreis (siehe Seite 220)
400 g vorgegarter violetter Klebreis (siehe Seite 220)

ZUBEREITUNG

TAROFÜLLUNG

Die Taroknolle waschen, schälen und in kleinere Stücke schneiden. Anschließend ca. 15 Minuten dämpfen und dann zu einem Püree stampfen. Das Taropüree in einen Kochtopf geben, die restlichen Zutaten zugeben und unter Rühren erhitzen, bis das Püree fest ist. Danach das Püree abkühlen lassen.

SÜSSKARTOFFELFÜLLUNG

Die Süßkartoffel ungeschält dämpfen, bis sie weich ist. Dann schälen oder das Fruchtfleisch mit einem Löffel aus der Schale kratzen. Die Süßkartoffel zu einem Püree stampfen und in einem Topf zusammen mit den restlichen Zutaten unter Rühren erhitzen, bis das Püree fest ist. Danach das Püree abkühlen lassen.

BANANENFÜLLUNG

Ein 10 cm langes Stück Banane längs vierteln.

FERTIGSTELLUNG

Frische Bananenblätter mit einem Küchenbunsenbrenner oder auf dem Herd kurz abflämmen, bis sie glänzen. Anschließend in zwölf kleine (à 12 x 9 cm) und zwölf größere Stücke (à ca. 16 x 20 cm) schneiden. Die größeren Bananenblätter auf der Arbeitsfläche auslegen und jeweils ein kleineres Blatt kreuzweise darüberlegen. Auf acht Bananenblätter je 2 EL weißen Reis längs anrichten und dazwischen je 1 EL Taro- oder Süßkartoffelfüllung füllen und je 1 weiteren EL weißen Reis darauf platzieren. Die restlichen vier Bananenblätter auf gleiche Weise mit dem violetten Reis und den Bananenvierteln füllen. Anschließend jeweils die beiden Bananenblätter über dem Reis zu einer festen Rolle zusammenfalten, festdrücken und oben einschlagen. Die beiden Enden ebenfalls einfalten und mit Zahnstochern zusammenstecken. Auf diese Weise acht Rollen mit weißem Reis und vier Rollen mit violettem Reis herstellen. Die Rollen auf dem Holzkohlegrill (oder in einer Grillpfanne) unter mehrmaligem Wenden langsam grillen, bis die Blätter gut gebräunt sind.

ANRICHTEN

Auf jedem Teller drei unterschiedlich gefüllte Bananenblätter anrichten.

Mango-Kokos-Jelly

Wun Mamuang, วุ้นมะม่วง

ETWA 60 MINUTEN PLUS 3–4 STUNDEN KÜHLZEIT

FÜR 8 PORTIONEN

Für das Mango- und Kokos-Jelly
2 reife Mangos
ca. 350 ml Orangensaft
Zucker (nach Geschmack)
18 g Gelatine oder 3 gestr. TL Agar-Agar
250 ml Kokosmilch
1 Prise Salz

Zum Anrichten
Pandanblätter
geröstete Kokosraspel
dekorativ geschnitzte Mangostücke

ZUBEREITUNG

MANGO- UND KOKOS-JELLY

Für das Mango-Jelly die Mangos schälen und das Fruchtfleisch vom Kern schneiden. Eine Mango in ca. 1 x 1 cm große Würfel schneiden und beiseitestellen. Die zweite Mango pürieren und mit dem Orangensaft auf insgesamt 550 ml auffüllen. Mit Zucker nach Geschmack abschmecken. 100 ml davon in eine Schüssel geben und mit 12 g Gelatine bzw. den beiden gestrichenen TL Agar-Agar verrühren. Das restliche Früchtepüree in einem Topf erhitzen. Die Gelatine mit einem Schneebesen unterrühren und 2–3 Minuten unter gelegentlichem Umrühren leicht köcheln lassen. Das Mango-Jelly in eine rechteckige Form gießen und die beiseitegestellten Mangowürfel untermischen. Die Form kalt stellen, bis das Mango-Jelly fest geworden ist.
Für das Kokos-Jelly die Kokosmilch mit 100 ml Wasser und 70–80 g Zucker verrühren. 100 ml davon in eine Schüssel geben und mit 6 g Gelatine bzw. 1 gestr. TL Agar-Agar verrühren. Die restliche Kokosmilch in einem Topf erhitzen. Die Gelatine mit einem Schneebesen unterrühren und 2–3 Minuten unter gelegentlichem Umrühren leicht köcheln lassen. Das Kokos-Jelly abkühlen, aber nicht fest werden lassen. Das Kokos-Jelly dann über das bereits feste Mango-Jelly gießen und die Form wieder kalt stellen. Vor dem Servieren in formschöne Würfel schneiden.

ANRICHTEN

Die Pandanblätter auf die Teller verteilen und die Mango- und Kokos-Jellywürfel darauf anrichten. Mit den Kokosraspeln und den Mangostücken garnieren.

Mango mit zweifarbigem Klebreis und Kokossauce

Kaow Niew Ma Muang, ข้าวเหนียวมะม่วง

ETWA 75 MINUTEN PLUS MEHRERE STUNDEN QUELLZEIT

FÜR 4 PORTIONEN

Für den violetten Klebreis
50 g schwarzer Klebreis
150 g weißer Klebreis

Für den weißen Klebreis
150 g weißer Klebreis

Für die Kokosmarinade
1 Pandanblatt (alternativ 250 ml Kokosmilch mit Pandan-Aroma)
250 ml Kokosmilch
½ TL Salz
90 g Zucker
1 EL neutrales Pflanzenöl

TIPP

Hierfür wird auch oft Kokosmilch mit Kerzenaroma verwendet, die in gut sortierten Asia-Shops erhältlich ist.

ZUBEREITUNG

VIOLETTER KLEBREIS

Den schwarzen Klebreis drei- bis viermal gut waschen und über Nacht in Wasser einweichen. Den weißen Klebreis drei- bis viermal gut waschen und 3 Stunden in Wasser einweichen. Beide Reissorten durch ein Sieb gießen und in einem gut durchlässigen Tuch oder feinen Sieb 40 Minuten dampfgaren. Nach der Hälfte der Zeit den Reis einmal wenden. Dann den noch heißen Reis mit der Kokosmarinade für den violetten Klebreis mischen und abgedeckt bei Zimmertemperatur 15 Minuten stehen lassen, einmal durchrühren und weitere 15 Minuten abgedeckt stehen lassen, damit der Reis die Kokosmarinade gut aufsaugen kann.

WEISSER KLEBREIS

Den Klebreis drei- bis viermal gut waschen und 3 Stunden in Wasser einweichen. Den Reis durch ein Sieb gießen und in einem gut durchlässigen Tuch oder feinen Sieb 30 Minuten dampfgaren. Nach der Hälfte der Zeit den Reis einmal wenden. Dann den noch heißen Reis mit der Kokosmarinade für den weißen Klebreis (150ml) mischen und abgedeckt bei Zimmertemperatur 15 Minuten stehen lassen, einmal durchrühren und weitere 15 Minuten abgedeckt stehen lassen, damit der Reis die Kokosmarinade gut aufsaugen kann.

KOKOSMARINADE

Das Pandanblatt zu einem festen Knoten schlingen. Die Kokosmilch mit allen Zutaten erwärmen, bis sich der Zucker aufgelöst hat. Anschließend 5 Minuten ziehen lassen, damit das Aroma des Pandanblattes austritt. Für den weißen Klebreis 150 ml davon abmessen, der Rest ist für den violetten Klebreis.

Für die Kokossauce
1 TL Stärkemehl
200 ml Kokosmilch
1 Prise Salz
Zucker

Zum Anrichten
2 reife Mangos
1 EL geröstete weiße Sesamsaat

KOKOSSAUCE

Das Stärkemehl in etwas kaltem Wasser glatt rühren. Die Kokosmilch mit Salz und Zucker nach Geschmack erhitzen und die Stärke unterrühren. Unter Rühren einmal aufkochen, sofort vom Herd ziehen und abkühlen lassen.

ANRICHTEN

Die Mangos schälen, halbieren und das Fruchtfleisch in Scheiben schneiden. Je eine halbe Mango auf den Tellern anrichten und mit der Sesamsaat garnieren. Den Klebreis mithilfe von Anrichteformen daneben platzieren und etwas Kokossauce dazwischengeben.

Rubine in Kokosmilch

Tub Tim Grob, ทับทิมกรอบ

ETWA 25 MINUTEN

FÜR 4 PORTIONEN

Für die Rubine in Kokosmilch
160 g Wasserkastanien (Konserve)
2 EL Grenadine-Sirup
4–5 EL Tapiokamehl
250 ml Kokosmilch (z. B. mit Kerzenaroma)
3 EL Zucker
½ TL Salz

Zum Anrichten
in Streifen geschnittenes Fruchtfleisch von ½ jungen Kokosnuss
12 geschälte und entsteinte Longans (frisch oder Konserve)
4 EL Crushed Ice (optional)

ZUBEREITUNG

RUBINE IN KOKOSMILCH

Die Wasserkastanien abtropfen lassen und quer halbieren, damit zwei Platten entstehen. Diese jeweils mit zwei Schnitten vierteln. Den Grenadine-Sirup zusammen mit den Wasserkastanien in eine Schüssel geben und vermischen. Überflüssigen Sirup abgießen.
2 EL Tapiokamehl darüber verteilen und die Schüssel so lange schütteln, bis alles gut vermischt ist. Die Wasserkastanien dann in ein Sieb geben, damit überflüssiges Tapiokamehl abfallen kann. Die Kastanien mithilfe einer Sprühflasche leicht mit Wasser befeuchten und nochmals mit 1 EL Tapiokamehl durchschütteln. (Dieser Vorgang kann nach Wunsch auch ein weiteres Mal erfolgen.)
Reichlich Salzwasser in einem Topf zum Kochen bringen, die Tapioka-Kastanien einlegen und ca. 2 Minuten kochen, bis sie an der Oberfläche schwimmen. Die Wasserkastanien mit einem Schaumlöffel herausheben und in kaltes Wasser legen.
Die Kokosmilch mit 200 ml Wasser, dem Zucker und dem Salz erwärmen, bis sich der Zucker komplett aufgelöst hat. Dann die Kokossauce abkühlen lassen.

ANRICHTEN

Die Wasserkastanien, das Kokosfruchtfleisch und die Longans in vier tiefe Schalen verteilen. Die Kokossauce darübergießen. Nach Wunsch noch etwas Eisbruch darübergeben.

ROTE CURRYPASTE

Nam Prik Gaeng Deang
น้ำพริกแกงแดง

Die rote Currypaste ist eine der am häufigsten verwendeten Currypasten Thailands.
Oftmals ist für Europäer die fertig gekaufte, originale Variante zu scharf. Sie kann dann natürlich in geringerer Menge dosiert werden. Dadurch bleiben aber andere Geschmacksnuancen auf der Strecke. Und natürlich auch die schöne orangerote Farbe des Currys. Nachfolgendes Rezept hat eine etwas geringere Schärfe als fertig gekaufte Produkte. Es werden nur große rote Chilischoten sowie für eine schöne Farbe des Currys die koreanischen Gochugaru-Chiliflocken verwendet. Die großen Thai-Chilischoten sind nicht sehr scharf, nach Wunsch können sie auch zusätzlich entkernt verwendet werden. Die Gochugaru-Chiliflocken haben zwar eine geringe Schärfe, aber eine wunderschöne rote Farbe. Für mehr Schärfe einfach die Gochugaru-Flocken weglassen und stattdessen einige kleine, getrocknete Chilischoten verwenden.

Für ca. 100 g Paste
Zubereitungszeit: ca. 30 Minuten

8–10 große, getrocknete rote Chilischoten
1 TL Koriandersamen
½ TL Kreuzkümmelsamen
3 TL weiße Pfefferkörner
3 EL Schalotten
7–8 Zehen Knoblauch
ca. 3 cm Galgant
2 Korianderwurzeln
1 Stängel Zitronengras
½ unbehandelte Kaffir-Limette
1 TL Gochugaru-Chiliflocken (optional)
½ TL Salz
1 TL Garnelenpaste (Kapi)

Die Chilischoten von den Stielansätzen befreien, 15 Minuten in heißes Wasser geben, dann ausdrücken und in Stücke schneiden. Die Koriander- und Kreuzkümmelsamen gemeinsam in einer beschichteten Pfanne ohne Fettzugabe rösten, bis sich die Aromen entfalten. Die Pfefferkörner in einem großen Mörser fein zerstoßen. Die gerösteten Samen dazugeben und alles zu einem Pulver mörsern. Die Schalotten und den Knoblauch abziehen und zusammen mit dem Zitronengras, dem Galgant, der Korianderwurzel und den Chilischoten fein hacken. Danach das Ganze in einem Standmixer fein pürieren und in den Mörser füllen. Die Schale der Kaffir-Limette fein abreiben und dazugeben. Die Gochugaru-Chiliflocken in 1 EL heißem Wasser 5 Minuten ziehen lassen und danach in den Mörser geben. Anschließend alles gut stampfen, bis eine feine Paste entsteht. Mit dem Salz und der Garnelenpaste würzen.

TIPP

Für eine vegetarische Variante die Garnelenpaste durch helle Sojasauce ersetzen.

GRÜNE CURRYPASTE

Prik Gaeng Khew Wan
พริกแกงเขียวหวาน

Darf es richtig scharf sein? Die grüne Farbe erhält die Paste durch die Verwendung der kleinen, frischen grünen Chilis, die sehr scharf sind. Unter den im Handel angebotenen Currypasten sind die grünen Varianten die schärfsten.
Bei der Zubereitung von grünem Curry sind meine Kursteilnehmer aus Angst um ihre sensiblen Geschmacksnerven häufig recht zaghaft bei der Dosierung der grünen Currypaste. Um die Schärfe zu reduzieren, wird weniger genommen, das hat aber den Verzicht auf wichtige andere Geschmacksnuancen zur Folge.
Im nachfolgenden Rezept ist wieder, wie bei der roten Currypaste, der Schärfegrad reduziert, ohne die Breite der Geschmacksnuancen einzuschränken.
Wenn ich gerade frische grüne Pfefferkörner habe, verwende ich diese anstatt der weißen Pfefferkörner. Ich liebe das Aroma des frischen grünen Pfeffers.

Für ca. 100 g Paste
Zubereitungszeit: ca. 30 Minuten

8–10 kleine, frische grüne Chilischoten
4–5 milde grüne Snack-Chilischoten
1 EL Koriandersamen
½ EL Kreuzkümmelsamen
½ TL weiße Pfefferkörner (alternativ 1 TL frische grüne Pfefferkörner)
1 EL Koriandersamen
½ EL Kreuzkümmelsamen
3 Schalotten
4–5 Zehen Knoblauch
1 Stängel Zitronengras
5 Blätter Kaffir-Limette
ca. 3 cm Galgant
3 Korianderwurzeln und -stängel
1 TL frische Kurkuma (alternativ ½ TL Kurkumapulver)
½ unbehandelte Kaffir-Limette
1 TL Salz
1 TL Garnelenpaste (Kapi)

Die Chilischoten von den Stielansätzen befreien, nach Wunsch die weißen Trennwände sowie die Kerne entfernen und in Stücke schneiden. Die Koriander- und Kreuzkümmelsamen gemeinsam in einer beschichteten Pfanne ohne Fettzugabe rösten, bis sich die Aromen entfalten. Die Pfefferkörner in einem großen Mörser fein zerstoßen. Die gerösteten Samen dazugeben und alles zu einem Pulver mörsern.

Die Schalotten und den Knoblauch abziehen und zusammen mit dem Zitronengras, den Limettenblättern, dem Galgant, den Korianderwurzeln und -stängeln, der Kurkuma und den Chilischoten fein hacken. Danach das Ganze in einem Standmixer fein pürieren und in den Mörser füllen. Die Schale der Kaffir-Limette fein abreiben und dazugeben. Anschließend alles gut stampfen, bis eine feine Paste entsteht. Das Salz und die Garnelenpaste zugeben und noch gut untermischen.

TIPP

Der Schärfegrad von Chilischoten kann durch das Entfernen der weißen Trennwände und der Kerne reduziert werden. Hier konzentriert sich das schärfende Capsaicin, das auch nach dem Kochen oder Einfrieren erhalten bleibt. Für eine vegetarische Variante die Garnelenpaste durch helle Sojasauce ersetzen.

MASSAMAN-CURRYPASTE

Prik Gaeng Massaman
น้ำพริกแกงมัสมั่น
Für ca. 100 g Paste
Zubereitungszeit: ca. 30 Minuten

3–5 große getrocknete Chilischoten
1½ EL Koriandersamen
1½ TL Kreuzkümmelsamen
5 schwarze Pfefferkörner
3 Gewürznelken
5 grüne Kardamomkapseln
2 Schalotten
3–4 Zehen Knoblauch
2 Stängel Zitronengras
3 cm Galgant
3 cm Ingwer
1 Msp. frisch gemahlene Muskatnuss
1 kleines Stück unbehandelte Kaffir-Limettenschale (alternativ unbehandelte Zitronenschale)
½ TL Salz
1 TL Garnelenpaste (nicht für vegetarische Variante)
2 EL neutrales Pflanzenöl

Die Chilischoten von den Stielansätzen befreien, 15 Minuten in heißes Wasser geben, dann ausdrücken und in Stücke schneiden. Die Koriander- und Kreuzkümmelsamen, die Pfefferkörner, die Gewürznelken und die Kardamomkapseln gemeinsam in einer beschichteten Pfanne ohne Fettzugabe rösten, bis sich die Aromen entfalten. Die Schalotten und den Knoblauch abziehen, zusammen mit dem Zitronengras, dem Galgant und dem Ingwer fein hacken und alles zusammen in einer Pfanne ohne Fettzugabe goldbraun rösten. Alle gerösteten Zutaten, die Chilischoten, die Muskatnuss und die Kaffir-Limettenschale in einen Standmixer umfüllen und fein pürieren. Das Ganze dann in einen großen Mörser umfüllen und zu einer feinen Paste stampfen. Anschließend das Salz, die Garnelenpaste und das Öl untermischen.

SAURE CURRYPASTE

Geang Som
แกงส้ม
Für ca. 100 g
Zubereitungszeit: ca. 20 Minuten

5 frische rote Chilischoten (scharf oder mild nach Geschmack)
4 Zehen Knoblauch
4 cm frische Kurkuma (alternativ 1 TL Kurkumapulver)
Salz
4 TL Garnelenpaste (Kapi)
50 ml Wasser

Die Chilischoten nach Wunsch entkernen und fein schneiden. Den Knoblauch abziehen und grob hacken. Die Kurkuma putzen und grob hacken. Alle Zutaten in einem Standmixer fein pürieren. Anschließend in einen Topf umfüllen und zusammen mit 50 ml Wasser einkochen.

THAI-CHILIPASTE

Nam Prik Pao
น้ำพริกเผา
Es handelt sich dabei um eine geröstete Paste aus Chilischoten. Sie wird in der thailändischen Küche sehr häufig verwendet. Die Paste hat eine marmeladenähnliche Konsistenz und ist in Asia-Geschäften deshalb gelegentlich auch als Nam Prik Jam erhältlich.

Für ca. 100 g Paste
Zubereitungszeit: ca. 45 Minuten

8–10 Zehen Knoblauch
4 Schalotten
100 ml neutrales Pflanzenöl
4 EL milde Chiliflocken
1 TL Garnelenpaste (Kapi)
1 TL Tamarindenpaste
3 EL Limettensaft
4 EL Palmzucker
5 EL Fischsauce

Den Knoblauch und die Schalotten abziehen und fein schneiden. Das Öl in einer Pfanne erhitzen und den Knoblauch sowie die Schalotten bei mittlerer Hitze goldbraun rösten. Dann mit einem Schaumlöffel aus dem Fett heben und in einen großen Mörder füllen. Die Chiliflocken, die Garnelenpaste, die Tamarindenpaste, den Limettensaft und den Palmzucker zugeben und das Ganze zu einer breiigen Konsistenz stampfen. Das Öl erneut erhitzen, das Gemisch mit der Fischsauce mit 50 ml Wasser hineingeben und braten, bis das Wasser komplett verdampft ist. Die Paste ist, in verschließbare Gläser abgefüllt, lange haltbar.

NAM JIM TALAY MIT ANANAS
น้ำจิ้มทะเลใส่สัปปะรด

Für ca. 100 g Paste
Zubereitungszeit: ca. 15 Minuten

3 Zehen Knoblauch
40 g Ananasfruchtfleisch
2 EL Weißweinessig
2 EL Limettensaft
2 EL Fischsauce
1–2 EL Palmzucker
30 g gemischte Chilischoten (grün und rot)
5 Stängel frischer Koriander
Salz

Den Knoblauch abziehen und fein hacken. Das Ananasfruchtfleisch etwas zerkleinern. Alle Zutaten zusammen mit 100 ml Wasser in einen Standmixer füllen und zu einem groben Püree mixen. Die Sauce mit Salz abschmecken.

SCHARFE THAI-DIP-SAUCE
Nam Jim Jeau
น้ำจิ้มแจ่ว

Für ca. 150 g Sauce
Zubereitungszeit: ca. 15 Minuten

6 EL Fischsauce
2 EL Tamarindenpaste
2 EL Limettensaft
1 EL Palmzucker
einige Blätter langer Koriander (Pak Chi Farang)
2 Stängel Koriander
½ Schalotte
1 Frühlingszwiebel
1 EL gerösteter, gemahlener Reis
getrocknete Chiliflocken (optional)

Die Fischsauce, die Tamarindenpaste, den Limettensaft, den Palmzucker und 4 EL Wasser verrühren. Die Korianderblätter und -stängel fein schneiden. Die Schalotte abziehen und fein würfeln. Die Frühlingszwiebel in feine Röllchen schneiden. Die Sauce in Schälchen abfüllen und mit den Kräutern, Schalottenwürfeln, Frühlingszwiebelröllchen, dem Reis und nach Wunsch Chiliflocken bestreuen.

Variante für Spareribs
3 EL Limettensaft
3 EL Fischsauce
2 EL gerösteter, gemahlener Reis
1 TL Zucker
1 TL getrocknete Chiliflocken

Alle Zutaten mit etwas Wasser zu einer Dip-Sauce verrühren.

LIMETTEN-CHILI-DIP
Nam Jim Talay
น้ำจิ้มทะเล

Für ca. 150 g Sauce
Zubereitungszeit: ca. 20 Minuten

3 Zehen Knoblauch
1 Handvoll milde grüne und rote Chilischoten
2–3 Korianderwurzeln (ersatzweise Korianderstängel)
½ TL Salz
2 EL Palmzucker
2–3 EL Fischsauce
4 EL Limettensaft

Den Knoblauch abziehen. Die Chilischoten nach Wunsch entkernen. Beides zusammen mit den Korianderwurzeln schneiden und danach im Mörser zerstampfen. Das Salz zugeben und weiterstampfen, bis eine feine Paste entstanden und das Salz aufgelöst ist. Dann den Palmzucker zugeben und sechs- bis siebenmal weiterstampfen, bis auch dieser aufgelöst ist. Dann die Fischsauce, den Limettensaft und 2 EL Wasser zugeben und gut untermischen.

HANG-LAY-CURRYPASTE
Geang Hang Lay
แกงฮังเล

Für ca. 150 g Paste
Zubereitungszeit: ca. 15 Minuten

3 Zehen Knoblauch
3 Schalotten
1 Stängel Zitronengras
3 cm Ingwer
3 cm Galgant
3 cm frische Kurkuma (alternativ 1 TL Kurkumapulver)
3 rote, getrocknete, große Chilischoten
1 TL Koriandersamen
1 TL Kreuzkümmelsamen
½ TL Fenchelsamen
3 Kardamomkapseln
¼ TL schwarze Pfefferkörner
1 TL Garnelenpaste (Kapi)

Den Knoblauch und die Schalotten abziehen und zusammen mit dem Zitronengras, dem Ingwer, dem Galgant und der Kurkuma fein schneiden. Anschließend in einer beschichteten Pfanne ohne Fettzugabe rösten, bis alles etwas gebräunt ist und sich die Aromen entfalten. Dann in einen Standmixer füllen, fein pürieren und in einen Mörser umfüllen. Alle trockenen Zutaten – die Chilischoten, Gewürzsamen und Pfefferkörner – in einer Gewürzmühle fein mahlen und ebenfalls in den Mörser geben. Das Ganze gut stampfen, bis sich alles gut vermischt hat. Danach die Garnelenpaste untermischen.

TAMARINDEN-DIP
Nam Jim Makham
น้ำจิ้มมะขาม

Für ca. 150 g Sauce
Zubereitungszeit: ca. 15 Minuten

3 EL Palmzucker
1 EL Tamarindenpaste
½ TL Salz
etwas Maisstärkemehl
1 EL Erdnusskerne
Chiliflocken

Den Palmzucker und 6 EL Wasser in einem Topf langsam erhitzen und

den Zucker auflösen. Anschließend die Tamarindenpaste und das Salz untermischen. Eine kleine Menge Maisstärkemehl mit kaltem Wasser glatt rühren, unter die Sauce mischen und kurz aufkochen.
Die Sauce zum Abkühlen und Servieren in eine Schale umfüllen.
Die Erdnusskerne in einer beschichteten Pfanne ohne Fettzugabe rösten. Vor dem Servieren Chiliflocken untermischen und die Erdnusskerne darüberstreuen.

GRÜNER CHILI-DIP – NAAM PRIK NOOM

Für ca. 150 g Dip
Zubereitungszeit: ca. 20 Minuten

12 große grüne, mittelscharfe Chilischoten
5–6 Zehen Knoblauch
40 g Garnelenpaste
12 g feines Meersalz
Bananenblatt oder Backfolie

Die Chilischoten putzen und anschließend so lange grillen, bis sie nahezu schwarz sind. Anschließend die Schale abziehen. Die Knoblauchzehen ebenfalls grillen und die Haut abziehen. Die Garnelenpaste in ein Bananenblatt oder Backfolie gewickelt auf den Grill legen und trocknen. Die Chilischoten, den Knoblauch und die Garnelenpaste in einen tiefen Mörser füllen und stampfen. Mit Salz abschmecken.

KNUSPRIGER SCHWEINEBAUCH – KLASSISCH MOO KROB SOOT CLASSIC หมูกรอบสูตรคลาสสิค

Für 4 Portionen
Zubereitungszeit: ca. 2 Stunden

3–4 Zehen Knoblauch
1 kg frischer Schweinebauch mit Schwarte, ohne Knochen
3 EL Weißweinessig
Salz
5 Scheiben Ingwer
10 schwarze Pfefferkörner
neutrales Pflanzenöl

Den Knoblauch abziehen. Den Schweinebauch in ungefähr 5 cm breite Streifen schneiden. Einen kleinen Kochtopf mit 1 l Wasser füllen, die Fleischstreifen und die restlichen Zutaten zugeben und das Ganze zum Kochen bringen. Das Fleisch gut 30 Minuten weich köcheln. Das Fleisch sollte dabei immer komplett mit Wasser bedeckt sein. Anschließend mit einem Schaumlöffel aus der Flüssigkeit nehmen und auf einem Abtropfgitter gut abtropfen lassen. Die Fleischstreifen dann mit der Schwartenseite nach oben locker auf einem Gitterrost ausgebreitet im auf 100 °C vorgeheizten Backofen (Heißluft) etwa 1 Stunde trocknen lassen. In eine Pfanne etwa 1–2 cm hoch Öl gießen und dieses erhitzen. Die Fleischstreifen mit der Schwartenseite nach unten portionsweise goldbraun und knusprig braten. Anschließend wenden und die Fleischseite ebenfalls goldbraun braten.

KNUSPRIGER SCHWEINEBAUCH – NACH ART DES HAUSES MOO KROB SOOT KHONG BAAN หมูกรอบสูตรของบ้าน

Für 4 Portionen
Zubereitungszeit: ca. 2 Stunden

3–4 Zehen Knoblauch
1 kg frischer Schweinebauch mit Schwarte, ohne Knochen
3 EL Weißweinessig
Salz
5 Scheiben Ingwer
10 schwarze Pfefferkörner
neutrales Pflanzenöl

1 kg frischer Schweinebauch mit Schwarte, ohne Knochen
3 EL Weißweinessig
Salz
2 Zehen Knoblauch
3 Scheiben Ingwer
frisch gemahlener schwarzer Pfeffer
neutrales Pflanzenöl

Den Schweinebauch 15 Minuten mit der Schwartenseite nach unten in kochendem Salzwasser garen. Anschließend aus dem Wasser nehmen, etwas abkühlen lassen und die Schwarte mit einem scharfen Messer in etwa 1 cm breite Streifen schneiden. Dabei aber darauf achten, dass das darunterliegende Fleisch nicht verletzt wird. Die Schwarte dann mit Essig einpinseln und mit Salz würzen. Den Knoblauch abziehen und zusammen mit dem Ingwer fein hacken. Danach die Fleischseite mit Salz, Pfeffer, Knoblauch und Ingwer würzen. Den Schweinebauch mit der Schwartenseite nach oben und mit Frischhaltefolie abgedeckt 12 Stunden gekühlt durchziehen lassen. Anschließend den Schweinebauch auf einem Gitterrost mit untergeschobener Abtropfwanne im auf 190 °C vorgeheizten Backofen (Ober-/Unterhitze) etwa 90 Minuten braten. Nach etwa 75 Minuten kontrollieren, ob ein Großteil der Schwarte bereits knusprig ist. Sollte dies nicht der Fall sein, dann die Brattemperatur auf 220 °C erhöhen.
Sollte das Ergebnis dann den Erwartungen noch nicht entsprechen, kann die Schwarte auch hier noch kurz in heißem Fett frittiert werden.

Register der Rezepte

Über die Autorin & den Fotografen

Angkana Sirisaeng, geboren und aufgewachsen in Thailand, entdeckte früh ihre Liebe zum Kochen. Nach ihrem Bachelor-Abschluss erlernte sie die Kunst des Obst- und Gemüseschnitzens. Zudem bildete sie sich in den Bereichen thailändische und vietnamesische Küche sowie Sushi-Herstellung fort. Dieses Buch ist ihre Liebeserklärung an die Küche, Kultur und Menschen ihrer Heimat.

Alex Neumayer aus dem Salzburger Gasteinertal war neun Jahre in Südostasien als Küchenchef in der Fünf-Sterne-Hotellerie tätig. Heute arbeitet er als Foodfotograf in seinem Studio »Kochen und Kunst« in Bad Hofgastein.

Dank: Besten Dank an euch alle, ohne euch hätte ich das Projekt in dieser Zeit nicht so umsetzen können.

Apple & Art begleiteten mich für eine ganze Woche durch den Südosten und halfen mir, die Termine zu koordinieren.

Meine Reiseleiter im Norden waren Lah und Suthin. Lah als erfahrene Reiseleiterin bewies sehr gute Flexibilität, wenn es durch heftigen Regen kurzfristige Planänderungen gab.

Im Isan unterstützte mich meine Familie, Bruder Pe Et, Schwester Pe Nang und ganz voran mein ältester Bruder Pee Ut, welcher uns durch den Isan kutschierte und für ein äußerst interessantes Programm sorgte.

Diese folgenden Zeilen, in unserer Sprache geschrieben, sind für euch:

กราบขอบพระคุณ ทุกคน พี่ๆ เพื่อนๆ น้องๆทุกคนที่ออกนามและ ไม่ได้ออกนาม ที่มีส่วนในการช่วยเหลือ ประสานงาน ให้คำแนะนำให้กำลังใจ ในการทำงานใหญ่ครั้งนี้ให้สำเร็จลุล่วงไปด้วยดี

-พี่หนู ดร. ดวงสุดา เตโชติรส

-คุณลัดดา สำเภาทอง นายกสมาคมการค้าธุรกิจร้านอาหาร

-คุณชิน จากไม้รูดรีสอร์ท จังหวัด ตราด และ ขอขอบคุณ คุณจำรงค์ นิรงค์สรร

-เพื่อนแหม่ม อาจารย์ ดร. ศิกาญจน์มณี ไซเออร์ส และ น้องเส่า ศิริธร เตียวศิริมงคล ขอนแก่น

-เพื่อนเอ๋ ศิริลักษ์ ขวัญชื่น และ อาภรณ์ บุไธสง รวมทั้งพ่อค้าแม่ค้าตลาดสดเทศบาลเมืองพล และตลาดสดปลอดสารพิษ หน้าอำเภอพล

-คุณดารุณี ศรีบูพิมพ์ คุณสมจิตร เกตพิบูลย์

-ขอบคุณ แอฟเปิ้ล ชลีกร ชาไทย พี่อาร์ท ที่ให้ความช่วยเหลือ ในทุกด้าน เป็นทั้งไกด์ เป็นทั้งคนขับรถ เป็นคนยกของ เป็นคนถือร่ม เป็นนักสัมภาษณ์ เป็นเพื่อนร่วมทาง เพิ่มเติมความสนุกสนานในการเดินทาง

-ขอบคุณที่ได้เพื่อนหล้า สุธิดา และสุทิน ที่มาเป็นเพื่อนร่วมทาง ให้ความช่วยเหลือจัดโปรแกรม พาเที่ยว พากิน สนุกสนานเพลิดเพลิน สุดประทับใจ

-ขอบคุณ น้องเบญ มงคล โทวาท โรงแรมดุสิตธานีกระบี่ และ น้องอี๋ อิศิยา อุลิตผล

-กราบขอบพระคุณ ทุกคนในครอบครัวและ อยากให้พ่อ คุณพ่อปรีชา ได้เห็น ได้รับรู้ และภูมิใจในตัวลูกคนนี้จัง

-สุดท้ายขอขอบคุณ ร้านอาหารทุกร้าน และแขกรับเชิญทุกท่าน ที่ให้ความร่วมมือเป็นอย่างดี ทำให้งานประสบความสำเร็จลุล่วงผ่านไปได้อย่างดี

Impressum

Verantwortlich: Sonya Mayer
Texte und Rezepte: Angkana Sirisaeng
Food- und Reisefotografie: Alex Neumayer
Redaktion der Rezepte: Dr. Regina Roßkopf | Redaktion der Texte: Bettina Spangler
Umschlaggestaltung: Regina Degenkolbe
Layout: Helen Garner
Repro: LUDWIG:media
Korrektorat: Judith Bingel
Herstellung: Bettina Schippel

Printed in Poland by Dimograf

★★★★★

Sind Sie mit diesem Titel zufrieden? Dann würden wir uns über Ihre Weiterempfehlung freuen. Erzählen Sie es im Freundeskreis, berichten Sie Ihrem Buchhändler oder bewerten Sie bei Onlinekauf. Und wenn Sie Kritik, Korrekturen, Aktualisierungen haben, freuen wir uns über Ihre Nachricht an: Christian Verlag, Postfach 40 02 09, D-80702 München oder per E-Mail an lektorat@verlagshaus.de

Unser komplettes Programm finden Sie unter: www.christian-verlag.de

Alle Angaben dieses Werkes wurden von der Autorin sorgfältig recherchiert und auf den neuesten Stand gebracht sowie vom Verlag geprüft. Für die Richtigkeit der Angaben kann jedoch keine Haftung übernommen werden, weshalb die Nutzung auf eigene Gefahr erfolgt. Sollte dieses Werk Links auf Webseiten Dritter enthalten, so machen wir uns die Inhalte nicht zu eigen und übernehmen für die Inhalte keine Haftung.

In diesem Buch wird aus Gründen der besseren Lesbarkeit das generische Maskulinum verwendet. Weibliche und anderweitige Geschlechteridentitäten werden dabei ausdrücklich mitgemeint, soweit es für die Aussage erforderlich ist.

Die Deutsche Nationalbibliothek verzeichnet diese Publikation in der Deutschen Nationalbibliografie; detaillierte bibliografische Daten sind im Internet über http://dnb.de abrufbar.

ISBN 978-3-95961-638-6

Ebenfalls erhältlich ...

ISBN 978-3-86244-805-0

ISBN 978-3-95961-543-3

ISBN 978-3-95961-541-9

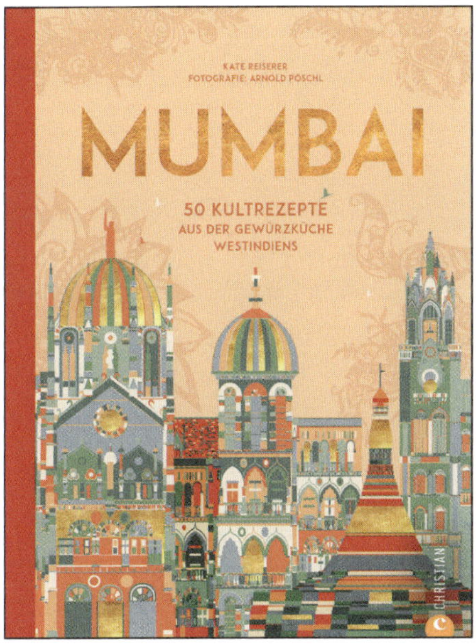

ISBN 978-3-95961-548-8